JN178542

ちくま新書

イノベーションはなぜ途絶えたか——科学立国日本の危機

山口栄一
Yamaguchi Eiichi

1222

Why Innovation Ceased: Crisis of Scientific Japan

by

Yamaguchi Eiichi

イノベーションはなぜ途絶えたか——科学立国日本の危機【目次】

序章 沈みゆく日本を救え 009
1 イノベーションを生み出せなくなった日本企業 010
危機に直面するエレクトロニクス産業／中央研究所崩壊が引き金に
2 どうすればイノベーションは復活するか 014
眠っている才能を生かす／イノベーションの「目利き」を養成する／科学リテラシーとトランス・サイエンス問題／本書の構成
第一章 シャープの危機はなぜ起きたのか 029
1 危機の構造──「山登りのワナ」 030
外資買収の衝撃／稀有の「イノベーション型企業」だったシャープ／「山登りのワナ」仮説／液晶量産のための過大投資／失われた自由な研究／「既知派」の技術者が支配する
2 危機からの脱出策 042

負のループを断ち切る／鴻海か産業革新機構か／鴻海傘下に入ることの真の意義／ボーダーを越える能力を鍛える／シャープの危機から何を学ぶか

第二章　なぜ米国は成功し、日本は失敗したか　057

1　日米の違いはどこに？　058
急落する日本の科学のアクティビティ／創造の場を奪われた日本の若者たち／日本人は勇敢ではない？／SBIRが米国のサイエンス型産業を劇的に変えた

2　SBIRとは何か　071
国が設けた「スター誕生」システム／3段階の選抜方式／科学者というアイデンティティを与える／イノベーション・エコシステムを形成

3　日本の制度的失敗　081
中小企業支援策に堕した日本版SBIR／根本思想を理解せずに米国に追随／米国の産業政策の大胆さ／米国SBIR「受賞者」の74％が博士号取得者／大学の知を生かさない日本／高い付加価値を生んだ米国医薬品産業／売上をかえって下げた日本版SBIR／SBIRの再出発によって大学発ベンチャーをつくれ

第三章　イノベーションはいかにして生まれるか　105
1　創発－科学の本質に迫る　106
「知の創造」と「知の具現化」／「昼の科学」と「夜の科学」／コンピュータの思考方法――演繹と帰納／人間だけがなしうる「創発」／パラダイムを持続するか破壊するか／ブレークスルーをもたらすイノベーション／守・破・離のプロセス
2　共鳴と回遊　123
共鳴場を形成する／戦前の理研における先駆性／知を越境する「回遊」／異なる評価軸の世界にジャンプする／回遊から生まれたｉＰＳ細胞
3　パラダイム持続型イノベーションからの脱却へ　136
イノベーションの四つのタイプ／シャープに必要なもの――共鳴場の再構築／イノベーション・ソムリエが必要
第四章　科学と社会を共鳴させる　145
1　トランス・サイエンスとは何か　146

目を背けたくなるような、何かわからない抵抗感があった。そのママと同じことを、今は私がしている。

娘は、スイッチが入ったみたいに変わった。落ち着いた。ニコニコしている。幼稚園から帰ってくると「ママー!」と大声で私を呼ぶ。「お帰りなさい!」と、私も精一杯の大きな声で答える。友彩は私に飛びついてくる。

こんなことが起こるんだ。信じられない。

以前、友彩が幼稚園で集団に馴染めないと言われたことがあった。でも、最近、友彩は幼稚園に行くのを楽しみにしている。好きな男の子ができたみたいだ。その子と手をつなぎたがる。こんな小さな子でも、男の子を好きになるんだと思った。これも信じられなかった。それが普通と言われて、ああよかった、私が育てても友彩は「普通の子」になっているんだと思った。

私は幼稚園の頃、自分から心を閉ざした。何も期待しないことにした。大人になる前に家を出ないと母に殺されると思っていた。四つ上の姉が頼りだったけど、私が高校生の時に自殺した。高校を卒業したら家を出ようと決心した。それから、早く姉のところに行こうと思って生きてきた。今でも、早く行ってあげたいという気持ちはある。でも科学だけでは解決できない「トランス・サイエンス」問題／トランス・サイエンス共和国／科学技術のシビリアン・コントロール／科学の本質とは何か／科学とトランス・サイエンスの境界

2　象徴的な二つの事故　160

100％予見可能だった福知山線転覆事故／科学を一顧だにしない司法／なぜ海水を注入しなかったのか――福島第一原発事故／廃炉への恐れ／封印された経営者の責任

3　なぜ組織の科学的思考は失われるのか　174

専門家とは何か／物理学者を排除した原発政策／科学者集団を切り離したＪＲ／科学を企業に埋め込む

第五章　イノベーションを生む社会システム　185

1　共鳴場を再構築する　186

戦後日本はリスクに挑戦しない社会を創ろうとした／競争のルールが変わった／大学・企業・社会における共鳴場の再構築／ケンブリッジ現象の秘密／カレッジの可能性

2　大学・企業の制度改革　200

イノベーション・ソムリエの育成／新たな大学院のデザイン／共鳴場を企業間に構築する／経営チームに科学の専門家を

3 誰もが科学する社会へ 210
科学者は職業じゃない／科学者の無責任態勢／「市民科学者社会」の実現
おわりに 217
あとがき 222
参考文献 225
事項索引 iii
人名索引 i

序章　沈みゆく日本を救え

1　イノベーションを生み出せなくなった日本企業

†危機に直面するエレクトロニクス産業

日本の科学が危機に瀕している。

科学の中核をなす物理学や分子生物学の日本におけるアクティビティが今世紀に入って低下し始めた。主因は担い手である研究者の減少による可能性が高い。

「近年日本人は、ほぼ毎年ノーベル賞を受賞している。自然科学部門での数は21世紀に入ってから米国についで世界2位ではないか」といぶかしく思う読者もいるだろう。しかしごく少数の例外を除いて、その受賞は20年以上前の研究成果に基づくものだ。

2016年のノーベル生理学・医学賞を受賞した大隅良典さんも、受賞の会見で日本の基礎科学への研究費不足を挙げ、「日本の科学は空洞化する」と、危機感を表明していた。

科学から連なるサイエンス型産業も衰退の一途をたどっている。かつて「科学立国」「技術立国」と呼ばれ、世界をリードしてきた日本は、その存在感を急速に失いつつある。

なかでも今世紀に入ってから、日本のお家芸だった半導体や携帯電話をはじめとするエレクトロニクス産業の国際競争力は急落し、その生産額は最盛期の2000年から半減した。21世紀のサイエンス型産業の頂点に位置する医薬品産業も、日本は2000年初頭に国際競争から脱落してしまった。

このことはとりもなおさず、日本のハイテク企業からイノベーションが生まれなくなったことを意味する。

進展するグローバリゼーションの中で日本社会は旧来の産業モデルに固執して、時代に即したイノベーション・モデルを見出せないまま、周回遅れで世界から取り残されている。日本はリスクに挑戦する力を失い、研究・開発で創造してきた多くの新技術を経済価値に変えることに失敗したのである。

科学の危機は日本の産業競争力の低下にとどまらない。2011年3月に起きた東京電力（東電）福島第一原子力発電所の過酷事故は、技術企業の経営に科学的な思考が欠落しているという事実を一気に露呈させた。事故の根源を探ると、寡占・独占企業におけるイノベーションの不在に行き当たる。

この国でイノベーションが途絶えた理由として、「才能ある起業家が現れなくなった」「日本人は大企業志向で起業家精神に欠ける」といった文化的要因を指摘する声は少なくない。しかし、そこには明らかに制度的・構造的な要因が伏在している。

本書の目的は、その制度的な要因を解明するとともに、科学的発見からイノベーションが生まれるプロセスを明らかにし、科学立国日本の再興に向けた実践的な打開策を提示することにある。それは同時に、原子力発電所（原発）事故のように科学が社会を損なうような事象を企業が起こさないための処方箋となる。

具体的な考察に入る前に、物理学を研究していた私が、なぜ「科学とイノベーション」というテーマを追究することになったかを記しておきたい。私の来歴と経験談を伝えることで、本書の問題意識がより明確になるからである。

†中央研究所崩壊が引き金に

ＮＴＴの基礎研究所で物性物理学、とくに次世代半導体とトランジスタを研究してきた私は、偶然にもパラジウム金属の中に潜り込んだ水素が未知の発熱現象を呈することを発見し、それを契機に１９９３年から5年間、フランスの研究機関の招聘研究員としてコートダジュールでその研究を続けていた。

98年、日本に帰国したとき、私は愕然とした。エレクトロニクス産業のみならず医薬品産業の大企業までが、その「中央研究所」を次々に閉鎖・縮小し、そこで働く優秀な科学者・技術者たちが配置転換を余儀なくされようとしていたからだ。

いわゆる「大企業中央研究所の時代の終焉」と呼ばれる現象である。「中央研究所」とは、それぞれの企業で呼び方が違うものの、科学研究（基礎研究）を主たる業務とする企業の大部門のことである。

日本企業の中央研究所は、80年代においては最先端の研究をもとに数多くの技術革新を生み出してきた。当時の日本では、国全体の研究費の8割は民間企業が拠出しており、大学の研究はイノベーションにほとんど寄与しなかったので、企業の研究こそがイノベーションのエンジンだった。

ところが90年代後半に入って、日本企業は米国のベル研究所やＩＢＭといった民間研究機関に追随する形で、研究から手を引くことをほぼ一斉に決めた。まず日立の基礎研究所が事実上閉鎖し、ＮＴＴはもとよりＮＥＣやソニーなどの中央研究所も内部から傷ついていった。

このままこの状況が進めば、日本の産業・経済を支えてきた技術革新の担い手がいなくなる。そして10〜20年後には、日本の科学もサイエンス型産業も目に見える形で零落し、日本は確実に世界に取り残される——。

そう確信した私はＮＴＴ基礎研究所を去って物理学研究の手をいったん休め、99年から経団連のシンクタンク「21世紀政策研究所」で、イノベーション戦略の研究と政策提言に着手した。当時の理事長は経済評論家の田中直毅さん、所長はトヨタ自動車会長の豊田章一郎さんだった。

研究員は全員エコノミストで、理系は物理学者の私一人。物理学者にとって社会科学というフィールドは研究材料の宝庫だった。日本が戦後培ってきたユニークな技術革新の仕組みが潰えたのはなぜか。私はここで初めて自然科学と社会科学を横断する「知の越境」の方法を学ぶことになった。

2　どうすればイノベーションは復活するか

†眠っている才能を生かす

とはいえ、会社の「役立たず」としてつぶされようとしている大企業の世界的科学者たちを、どうすれば救えるのか。

まずは会社の創り方を学ぶため、妻に代表取締役になってもらって、社会イノベーションに挑戦してみることにした。多くの女性は40歳過ぎまで子育てで忙しい。ところが子育てが終わって社会復帰しようとしても、年金制度の壁があって45歳以上の女性を雇用する会社はまずない。しかたなくありつける仕事といえば、当人の専門性も創造性も生かすことのできない職業ばかりだ。

幸い私の妻は薬剤師の資格を持っていて、子育ての最中も薬局でパートとして働いていた。私は「思い切って薬局を経営してみないか」と提案した。地域の人々から、かかりつけ薬局として位置付けられ、医者の薬の処方にきちんと物申せるような、今までにない薬局である。

私は、医院の地図データと人口分布のデータを駆使しながら調剤薬局を必要としている地区を綿密にポイントアウトし、開局場所を定めてそこに小さな店舗を借りた。そして、私の退職金の半分を彼女に投資した。最初は開局に及び腰だった妻も、経営者の風格を獲得し、開局2年後には自分で資金を公庫から借りてきて2店舗目を開いた。

では次に、いよいよハイテク・ベンチャーの創業だ。

私は世界をリードしてきた国内外の科学者・技術者たち100人以上にインタビューし、大企業から離脱した科学者を日本と米国で継続的に観測した。そして、イノベーションが生まれるプロセスを探求していった。

日本が直面する科学とイノベーションの危機を脱するための根治療法は、つまるところ一つしかない。リストラされていく優秀な科学者や技術者たちがベンチャー企業を立ち上げてイノベーターに転身する選択を促すことだ。

日本においてサイレント・マジョリティーとしての科学者集団は数多く存在する。彼らこそが創造性の担い手なのである。

たとえば2014年、ノーベル物理学賞の対象となった青色発光ダイオード（LED）は、赤﨑勇さん、天野浩さん、中村修二さんの3人による1980年代中葉から90年代初頭の研究成果で、結晶成長の方法の発見から量子力学的デバイス構造の発明、そして生産技術の開発と製品化まで、すべて日本で達成された稀有のイノベーションである。

しかもその成功には、赤﨑さん、天野さんが在籍した名古屋大学というよりむしろ、日亜化学・研究所をはじめ、松下電器・東京研究所、沖電気・半導体技術研究所、NTT基礎研究所などの企業の研究所が本質的な役割を果たしたことを私たちは見過ごしてはならない。

ところが彼らのような創造者の多くが社会の中でスポイルされ、その創造の場を失おうとしている。彼らを掘り起こして会社を設立させれば、めざましいイノベーションが実現できるはずだ。

私は居ても立ってもいられず、閉鎖されようとしている企業の研究所を回り、経営陣から研究中止を命じられた優秀な科学者にベンチャー企業を起こすよう持ちかけた。これまで私が創業した複数のハイテク・ベンチャー企業のうち、窒化ガリウムを基幹とする会社はそうして立ち上げた会社である。

高電圧・大電流をスイッチできるトランジスタ、すなわちパワー・トランジスタを作るためには、従来のシリコンという半導体では、結晶をなす原子の結びつきが弱くて高い電圧に耐えられない。それを可能にする窒化ガリウム結晶は当初、世界の誰にも作れなかったものの、やがて結晶成長法が発見され、窒化ガリウムによる青色LEDが発明された。

さらに1990年代後半には、ソニー・フロンティアサイエンス研究所の河合弘治《ひろじ》さんが窒化ガリウムでトランジスタを作り、実用動作させることに世界で初めて成功した。もしこれが社会に出て価値に転ずれば、配電時の電圧変換によるエネルギー損失を80％以上なくすことができる。それは原発数基分に対応する。

ところが、当時ソニーの経営者は、コンピュータ&エンターテインメントにしか興味を持たず、「部品など、買ってくればよい」として、河合さんの研究にまったく興味を寄せていなかった。「すべての要素技術は八百屋に売っている」。すなわち材料や部品のような要素技術は外部から調達すればよい、と考えていた当時の経営者は、「ブレークスルー技術が科学から生まれる」ということに思い至らないようだった。

「河合さん、ソニーにいたらあなたのイノベーションはつぶされる。だから、ソニーを辞めてください。あなたの研究こそが、この沈みゆく日本を救う。すぐにでもベンチャー企業を一緒に始めましょう」。

私は彼を説得するとともに、私の退職金の残り半分と、彼の退職金全額を使って2001年にベンチャー企業を起こした。こうして設立したこのハイテク・ベンチャーは紆余曲折を経ながら何とか生き延び、2014年にはついに量子デバイスとして世界一の性能を持つ窒化ガリウムのパワー・トランジスタの開発に成功した。とはいえ、資金調達は未だに困難を極め、河合さん曰く「タイトロープにしがみついてじっと耐える」状態が何年も続いている。

†イノベーションの「目利き」を養成する

もう一つ、私が創業に参画したエネルギー・ベンチャー企業は、まったく新しい概念の蓄電池を開発している。

日本の電池メーカーの研究所でリチウムイオン電池などを早くから研究していた塚本壽《ひさし》さんは、「日本では新しい挑戦ができない」と米国西海岸に移住し、ベンチャー企業を設立して成功を収めていた。その塚本さんから私に連絡が入ったのは、2011年の東電福島第一原発事故後の初夏のことだった。私たちは、東電にお付き合いしてヒステリックな節電を行なう暗い灼熱の京都駅で、久しぶりの再会を果たした。彼は、「日本がこんなに脆弱な国とは思わなかった。電力で何のイノベーションもないのは情けない。日本でエネルギーの会社を起こすのを手伝ってもらえないか」と持ちかけた。

私たちは1カ月後にベンチャー企業を立ち上げた。従来の鉛電池は安全ではあるものの寿命が短く、リチウムイオン電池は効率が良くても充電しすぎると発火するという弱点があった。この会社は二つの電池をアナログ的に組電池にして、「バインド電池」という画期的な蓄電システムを生んだ。

このような組電池を構築すれば、それぞれの弱点を互いの電池が補完し合い、鉛電池の寿命が4倍に伸びるだけでなく、鉛電池が安全弁になってリチウムイオン電池が決して発火しない。しかも零下40度下でも完璧に作動するという思わぬ発見もあった。

さらにこの会社は、燃料電池において鉄粉を使って水素を供給するという「シャトル電池」の開発に成功した。これを使えば、水素を外部から供給しなくてもコーラ缶12個ほどの鉄粉だけで自動車は200キロ以上走れる。しかも深夜電力で酸化鉄を鉄に還元すれば、鉄粉はリサイクルできる。この会社もまた、薄氷を踏むようにして資金調達をしながら、何とかタイトロープから落ちずに開発を続けている。

私が関わった事例だけを見てもわかるように、もはやイノベーションなど生まれないとみなされている産業においても、イノベーションの種子はいくつも眠っている。問題はそれを見出す眼力と新産業を興そうとする強い意志があるかどうかなのだ。

とはいえ、ベンチャー企業を起こす過程で、私は何度も呆然とする事態に直面することになった。

日本の企業文化には「ベンチャー企業がブレークスルー技術を生み出すはずがない」という奇妙な思い込みがある。そのため前述のように、すでに開発が終わり、あとは生産技術だけを確立すればよいという段階になっても、なかなか投資家が現れないという事態に立ち至る。

ベンチャー企業でもソフトウェアやアプリ制作などのいわゆるＩＴ企業はさほど大きな投資を必要としないものの、新しい物質の創生やデザインに基づくブレークスルー技術には莫大な資本投資を要し、資金なしに新たな産業は創出できない。どんなに優れた技術と将来性を有していても、日本において科学者の起業家が成功することはあまりにも難しく、最初のステージにすら立てないというのが実情なのである。

一連の起業を通じて私が痛感したのは、イノベーションのグランドデザインを把握して未来への展望を構想できる能力を備えた人材が、日本において決定的にいないという事実である。私が「イノベーション・ソムリエ」と呼ぶそうした人材を養成することが、未来を拓くイノベーション創出には不可欠なのである。

科学リテラシーとトランス・サイエンス問題

イノベーションに基づく未来を構想できるイノベーション・ソムリエは、ある一つの分野を修めていくだけではなく、自然科学や人文・社会科学を自由に回遊して社会全体を俯瞰する視座を持たなければならない。そのためには、これまでのように文系と理系がタコツボ化している状況を脱し、お互いが共鳴し合う場をつくる必要がある。

同志社大学がビジネススクールを創設するに当たって招聘された私は、２００４年からイノベーション理論と技術経営をそこで教えることになった。技術経営とは文理の壁を乗り越えて経済価値および社会価値を生み出す方法論を研究する経営学であって、二つの側面を持っている。

一つはその技術を成立させている要素と構造を分析し、市場との関係性を明らかにして新しいブレークスルーの方法を見出すマネジメント。もう一つは、技術の物理限界の要素と構造を研究して、その技術が社会を損なう事態が決して起きないようにするマネジメント。双方とも、イノベーションの源泉(ソース)にまで立ち入らねば、解は見つからない。

私はさらに若者たちが起業に挑戦できるよう無償で参加できるビジネス講座を開いた。参加者にはそれぞれビジネスプランを提出させ、20人を選んで海外の大学で起業家教育を受けさせる。

行き先は米国のカリフォルニア大学(UC)ロサンゼルス校(UCLA)、UCアーバイン校(UCI)、南カリフォルニア大学、UCバークレー校、フランスのEDHEC経営大学院、イギリスのケンブリッジ大学と毎回変えた。米英仏の颯爽とした起業家精神を浴びた教え子たちから多くの起業家が輩出した。

日本の教育システムでは、科学を技術のツールとみなし、社会にどう役立つかというレベルでしか教えていない。このため人文・社会科学の視野には自然科学が入ってこない。これでは日本の科学リテラシーはいつまで経っても向上しない。私は、科学が哲学とどうつながりながら創成されたかを教える科目を新たに設けた。

哲学から孵化した科学は、やがて哲学のもとから独立し、一つの生命体となって自然を圧倒的な形で理解した。そのプロセスを学ぶことは科学を海外から輸入した日本の歴史を問う営みにつながり、その営みは自然科学から社会科学、人文科学にまで及ぶ超域研究となる。

ところが当の大学で、自然科学がいかに人文・社会科学と隔絶しているかを示すような体験をした。創立したばかりのビジネススクールでのことだ。教育カリキュラムの中で技術経営の諸科目のデザインを担当していた私は教授会で発言した。

「半導体産業にしても、ナノテク産業にしても、その技術的側面を理解しないと産業構造やそのビジョンが描けません。そしてその技術を理解するには量子力学が必要です。だから量子力学のエッセンスを教えたいと思います」。

すると、隣に座っていた経済学の教授が驚いて異を唱えた。

「量子力学なんて、位置を決めたら運動量が決められなくなるとかいった、現実世界とはまったく関わりのない学問でしょう。そんなのがビジネスの何に役に立つんですか。ばかばかしい」。そう言って怒り始めた。笑い出す教授もいた。

私にとっては予想すらしていない反応であり、唖然とした。携帯電話やパソコンをはじめ半導体などを扱うミクロの世界は量子力学の原理に従って動いている。現代テクノロジーの根幹を支えているのは主として量子力学である。

そのことを経済の専門家がまったく理解していない。これでは、社会科学が産業社会の未来を論じるどころか、来たるべき社会の構想もビジョンも描くことなどできるはずがない。

日本の未来を拓くためにはまず、科学と社会との第一の関係性である「イノベーションとは何か」を再考する必要がある。

産業社会は、イノベーションという知的営みの連鎖をバックキャスト（逆再生）すると、科学すなわち「知の創造」にその起源を持つ。では科学と、科学に下支えされた産業社会との関係性は、どのような知的営みの構造を持っているのか。そのことをきちんと理解しなければ、新産業を創り出すビジョンを描くことはできない。

おりしも東電が原発事故を引き起こした後、科学者は市民の前で真実を明らかにしようとしないまま懺悔をし、そのアンフェアな態度を見た市民はますます科学不信に陥るという事態が生じた。現実に、科学が社会を損なう問題が起きたとき、科学者がいかに無力であるかを、市民全員が直視したのである。

私はこの状況を、科学と社会との第二の関係性であると考えた。これは、科学が引き起こしながらも科学だけでは解決できない社会問題、すなわち「トランス・サイエンス」の問題にほかならない。本書ではそうした議論に対する私なりの回答も記した。

†本書の構成

本書の構成を簡単に紹介しよう。

第一章は、日本におけるサイエンス型産業衰退の原因を具体的事例にそって考察する。取り上げるのは、台湾の鴻海《ホンハイ》精密工業に買収されたシャープの事例である。日本の老舗大手電機メーカーが初めて海外企業の傘下に入ることになった背景には何があるのか。内部関係者への取材を通して明らかにする。

第二章は、日米比較を通して日本のイノベーション危機の実相に迫る。米国は「大企業中央研究所」というイノベーション・モデルから脱却し、スモール・ビジネスを国家で支援する「SBIR制度」の導入によって、新たなイノベーション・モデルを生み出すことに成功した。一方、日本は米国より17年遅れて日本版SBIR制度を導入したものの、それは見事に失敗した。その原因を追究すると、制度に宿る理念の相違に突き当たる。その理念の裏に潜むものを探ることによって、21世紀型のイノベーション・モデルとは何かを描き出す。

第三章では、この考察に基づいて科学と社会との第一の関係性であるイノベーションとはいったい何なのか、科学すなわち知の創造がいかなるプロセスを経て経済的・社会的な価値の創造にまで昇華されるのかを検討する。イノベーションが生まれるこの原理を独自にモデル化した「イノベーション・ダイヤグラム」を具体例に即して紹介し、イノベーションの本質を明らかにする。

第四章では、科学と社会との第二の関係性であるトランス・サイエンスについて議論する。前述したように、トランス・サイエンスとは「科学が引き起こし、科学に問いかけることはできるものの、科学は答えられず科学だけでは解決もできない問題」をさす。興味深いことに、この第二の関係性は、第一の関係性であるイノベーションの欠落によって同時に損なわれる。２０１１年の東電原発事故と２００５年のＪＲ福知山線事故の原因分析を通して、そのことを論証し、なぜ両者が強く連関しているのかを解明する。

第五章は、戦後の日本社会を概観しながらイノベーションが途絶えた背景を探り、日本が危機から脱するための道筋を探る。イノベーション・ソムリエを養成する大学改革への提言をはじめとして、日本がこれから取るべき針路を示したい。

以上のように本書で取り上げるトピックは、シャープ買収や日米のベンチャー支援政策、原発事故といったきわめて具体的な事象から、イノベーション生成の構造や、社会と科学の関係性といった抽象的次元まで多岐にわたる。その振幅の大きさに読者は戸惑うかもしれない。しかし、そこには大きく通底するテーマがある。それはイノベーションの喪失と科学の危機である。

日本は今、21世紀型のイノベーション・モデルを見つけられないまま漂流を続けている。

制度を整えたうえで、ちりぢりになって漂っているボートから有能なイノベーターたちを救い出しさえすれば、この「沈みゆく船」を救うことができるはずだ。そのためには、今あるイノベーション・システムの隊列を根本から組み直さなければならない。

本書は、日本再生に向けて設計図を描き出す試論である。以下、第一章から第五章まで、登場する方々の敬称を省略する失礼をお許しいただきたい。また役職は当時のものである。

では、沈みゆく船を救うための航海に出ることにしよう。

第一章

シャープの危機はなぜ起きたのか

1　危機の構造——「山登りのワナ」

†外資買収の衝撃

日本におけるサイエンス型産業衰退を象徴するのが、日本経済を牽引してきたエレクトロニクス業界の不振である。とくに日本の大手電機メーカーは、海外で韓国や中国のメーカーに押される一方、国内では景気の低迷に悩まされて総崩れとなった。

苦境が一気に表面化したのは、2012年3月期の決算発表時だった。ソニー、パナソニック、シャープなどの家電大手各社が、軒並み1社当たり数千億円に及ぶ巨額の損失を計上して、日本のエレクトロニクス産業全体が抱える構造的な問題が一挙に露呈した。NEC、ソニー、シャープなどの大手電機メーカーが国内外でそれぞれ1万人規模を削減する計画を相次ぎ発表した。

打開に向けた暗中模索の状態が続く中で、シャープは2016年8月、台湾の鴻海《ホンハイ》精密工業から3888億円の出資を受けて、ついにその傘下に入った。郭台銘（テリー・ゴウ）率いる鴻海は、シャープの株式議決権の66％を握る親会社となり、鴻海の戴正呉副総裁がシャープの8代目社長となった。

日本経済を牽引してきた電機大手が外国資本の傘下に入ったのは初めてであり、それだけに産業界の衝撃は大きい。

フォックスコン・グループ（鴻海科技集団）の中核会社たる鴻海精密工業は、電機メーカーなどから電子機器の製造を請け負うサービス（ＥＭＳ）の世界最大手である。テリー・ゴウが１９７４年に創業し、米アップルのiPhoneやiPadの組み立てを受注するなどして急成長を遂げ、２０１５年の売上高は約15兆円を突破した。中国を中心に世界で１００万人以上の雇用を抱えるとされる。

２０１２年から4年越しで交渉に臨んだ鴻海と、官製ファンド「産業革新機構」との競り合いは土壇場までもつれたものの、鴻海は総額７０００億円ともいわれる巨額のカネを積んで革新機構を振り切った形となった。

従業員の待遇悪化や人員削減の危惧などから、日本の産業界が持つ漠然とした外資アレルギーは根強い。さらに今回は買収交渉におけるゴタゴタや、シャープが持つ技術の海外流出への懸念も重なって、鴻海のシャープ買収を否定的に捉える論調も少なくなかった。

これとは対照的に、海外のメディアは「シャープの技術は鴻海で生かされる」「海外に閉鎖的だった日本経済活性化への一歩」と、おおむね肯定的に評価している。

シャープの危機はなぜ起きたのか。そして、シャープは今後どこに向かうのか。考察を通して、日本の科学とイノベーションの現在を探ってみる。

稀有の「イノベーション型企業」だったシャープ

1912年に早川徳次によって創業された老舗ベンチャー企業シャープは、売上高2兆円規模の大企業になった現在においても、ベンチャーのDNAをまじめに受け継いできた会社である。

生み出された部品やそれに基づく製品はどれも驚きに満ちたものばかりで、量産太陽電池（59年）、トランジスタ電卓（64年）、液晶電卓（73年）、大型カラー液晶（88年）のような世界初の先進技術製品のみならず、両開きの冷蔵庫ドア「どっちもドア」（89年）や、開くとキーボードがせりあがる極薄ノートパソコン「メビウス・ムラマサ」（98年）、さらに今や当たり前になったカメラ付き携帯電話（2000年）などは、グッとくる感動すら覚えた。

このような「ちがう未来」を見せてくれる製品の多くは、97年に導入された「緊急開発プロジェクト制度（緊プロ）」によるところが多い。

この組織イノベーションは、新しいアイデアを思いついた社員が社長に提案して部門横断的にチームを結成する仕組みだ。社長直轄で複数の部署から人材が集まり、研究や開発に当たるチームが結成される。この自由な分野横断により、思いもよらない自由な発想の製品が生み出されてきた。

その意味において、シャープは日本で稀有の「イノベーション型企業」だったといえるだろう。ここでいう「イノベーション」とは、技術革新にとどまらず、経済価値および社会価値をもたらすあらゆる改革行為のことをさす。

さらに、「イノベーション型企業」とは、リスクを回避して安定的な組織経営をすることよりも、敢えてリスクに挑戦してでもイノベーションを重んずる経営をする企業をさす。実際、改革行為としてのイノベーションをどのようにやっていくか、ということをシャープは常に模索する企業だった。

私自身、シャープのための経営幹部研修「リーダーシップ・プログラム」を2000年代半ばから2010年まで主催し、シャープの技術系幹部の多くと夜を徹して議論した。

2000年代中葉、液晶はまだ「いかに作るか」が問われていて、シャープに圧倒的な技術優位があるものの、5年以内に誰でも作れる時代がやってくると予測できた。そのときにどう技術を経営してイニシアチブを維持するか。さらに「ちがう未来」を導く新しい技術にどう挑戦するか――。私は今でも彼らとの真剣勝負を忘れない。

†「山登りのワナ」仮説

だからこそ、このシャープが2011年度に大幅赤字に陥り、2016年には鴻海に買収されるという突然の凋落と危機は、私にとって信じがたく、苦々しい一大事件であった。と同時に私は、「液晶事業への身の丈に余る設備投資」という経営判断のミスを凋落の主因とする多くの論説には違和感を覚えた。

なぜなら「液晶事業はいずれ終焉を迎えるから次の未来製品を考えねばならない」と、当の幹部技術者自身が2000年代から考えていたことを、私はよく知っていたからである。

彼らはシャープの原点を知悉していた。シャープの原点とは、早川徳次以来のDNA、すなわち「先進的な部品の開発」と「それに基づいた特徴的な製品」を循環させる「スパイラル戦略」とともに、他社にない部品や製品を作り出す「オンリーワン戦略」とを両立させることにほかならない。

いったい何があったのか。私は、シャープと鴻海の買収契約後、企画部門にいる複数の幹部社員にインタビューを重ねた。そうして一つの仮説に到達した。それを「山登りのワナ」仮説と名付けよう。

それは、ある山に登ってしまったら、他にもっと高い山があることを見なくなり、たとえ見えたとしても、登る行為自体がワナとなって下りられなくなる現象をさす。山に登る前には、どの山が高いかわからない。そこである山をめざして、ヒト・モノ・カネという生産要素をそこに集中させる。すると、その集中自体がワナとなり、もっと高い山が見えなくなって、より良い未来をもたらすべき製品への研究も開発もできなくなってしまう——。シャープには、そのような組織現象が現れたのではないか。

この「山登りのワナ」はシャープ固有の経営問題というよりも、日本のサイエンス型産業全体が抱える構造的な問題といえる。以下、幹部社員たちの証言を交えながら、この仮説を論証していきたい。

†液晶量産のための過大投資

シャープの危機が表面に現れたのは、図1-1にあるように、当期純利益がマイナス1258億円となった2008年度末である。この危機の原因は、一般には「液晶事業への過大な投資」にあったとされる。1951年度以後、一貫して黒字経営を続け、98年度から2007年度にかけて2兆7000億円を超えるまでに売上高を倍増させてきたシャー

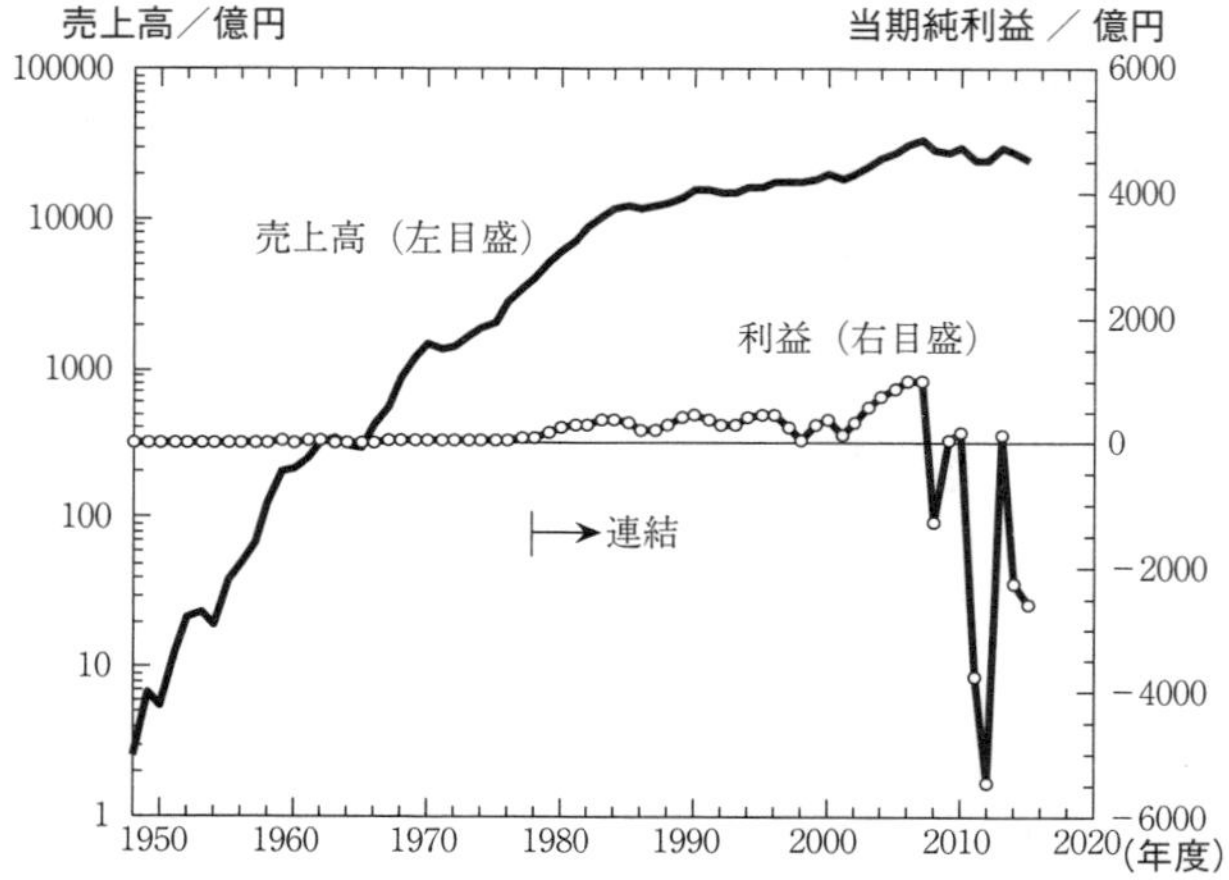

図１−１　シャープの年間売上高と当期純利益の経年変化。1951年度より2015年度まで（1977年度より連結）。
出典＝シャープ百年史および決算資料

プが、初めてつまずいた。

４代目社長の町田勝彦は「２００５年までにテレビをすべて液晶にする」と宣言し、液晶事業に過大な集中と選択を始めた。２００２年に１０００億円以上をかけて液晶量産のための亀山工場（三重県）を建設。液晶テレビ「アクオス」は大ヒットし、「世界の亀山モデル」ともてはやされた。

この成功体験に勢いづいて、５代目社長として町田の後を継いだ片山幹雄は２００９年の稼動に向け、４３００億円の巨費を投じて大型液晶パネル用の堺工場（大阪府）を建設した。しかし、その建設途上の２００８年にリーマン・ショックが起こって液晶パネルの売上が激減し、在庫がみるみる膨れ上がって大赤字となる。堺工場への巨額投資が重荷となって競争力が低下し、液晶テレビ市場では韓国勢にシェアを奪われたうえ、スマホ用液晶も苦戦が続いた。

その後、2009〜10年度には黒字に持ち込んだものの、創業100年度に当たる2011年度に3761億円の赤字に再び転落。2012年度に片山の後を継いだ奥田隆司社長のもとで赤字額を5453億円と大幅に膨らませ、たった1年で奥田から高橋興三へと社長をバトンタッチ。しかし2014〜15年度と2年連続の赤字を計上して、深刻な危機に陥ってしまった。

単独での生き残りを断念したシャープに対して、2012年から堺工場を共同運営し、出資比率約10％の筆頭株主だった鴻海が支援検討を表明する。政府を中心に大手企業も出資して設立した投資ファンド「産業革新機構」も出資案を示した。

最終的には鴻海が支援額を上積みし、革新機構の規模を大きく上回ったことが決め手となった。シャープは2016年2月、4890億円を出資する鴻海の子会社となる方針を決めた。ところが、妥結直前にシャープの債務問題が発覚して詰めの交渉は難航し、出資額を約1000億円減額することで4月に買収契約を締結した。

†失われた自由な研究

「2004年に亀山工場が立ち上がったとき、液晶の技術者は大志を抱いていました」と、ある液晶技術者は語り始めた。

2000年までにシャープはLSI（大規模集積回路）事業を終息させ、そこで働いていた技術者を液晶事業に振り向けた。技術者たちは心機一転し、新天地で希望を燃やしていた。キャッシュも充実していた。町田は液晶に社運を賭けたのである。

「ところが、液晶にリソースを集中させすぎて、光ピックアップ（ディスクの信号面にレーザーを照射し、反射された光によってCDやDVDのデータを読み取る装置）や半導体レーザーなど、『その他の光・電子デバイス』の競争力が一気に下がってしまいました」と彼は話を続けた。

じつはこの「光・電子デバイス」は希少性が高くて模倣が困難であるため、利益が安定的に稼げる。本来なら次の「光・電子デバイス」を研究・開発し、それに基づいた製品を事業にする「スパイラル戦略」に持ち込まねばならなかった。

しかし液晶に集中しすぎて、次のデバイスを研究するという循環が壊れてしまった。こうして2010年以後、シャープの研究開発本部から、新しい「先進的な部品」がまったく生まれなくなってしまったのである。

「スパイラル戦略」を担保していた緊プロ（緊急プロジェクト）がなくなったのだろうか。液晶技術者によると、「緊プロは今でもあるものの、むしろ事業部が本社から資金を調達するために、本末転倒の目的で緊プロが使われるようになってしまった」。

ということは、自由闊達に研究し、開発につなげていくという思想がシャープから失われてしまったということを意味する。

自由な研究ができなくなったのは、いつごろからだろうか。研究開発本部にいる幹部技術者に聞いてみると、次のような答えが返ってきた。

「私が大学院を修了して入社したばかりの1990年代前半は、上司から『あなたの仕事は学会発表と論文作成、特許です』とはっきり言われました。製品のビジョンははっきりしており、それに向けて自分が明らかにしなければならないことも明確でした。そして研究で発見したことは、学会や国際会議で大いに発表をし、論文も書いていました。ところが、96年ころから学会発表を控えるよう指示されるようになったのです」。

ちょうどそのとき、シャープは三重県の多気町に液晶工場を建て始めていた。すでに96年ころから「液晶シフト」が起き始め、そのころから研究と液晶開発とのバランスが崩れていったということだ。こうなると、液晶の技術者は要素技術の研究ができなくなって、必然的に事業のほうにシフトしていく。

その傾向が明確になったのは2001年、亀山工場が立ち上がる少し前であった。外部に技術を模倣されたり性能を分析されたりしないために自社の開発技術を公開しない「ブラックボックス化」と呼ばれる戦略が社長から出てくる。特許として出さないものが増え始め、科学者や技術者は、学会発表も特許出願もできなくなって出口を失っていった。

†「既知派」の技術者が支配する

1996年に基礎研究からの撤退がなかったら、あるいは2001年にブラックボックス化がなかったら、シャープは現在の危機から救われていたのだろうか。

「液晶への投資が遅れるということが起こっていたかもしれません。すると液晶の比率が下がって、『その他の光・電子デバイス』の中から別の柱が生まれていたかもしれない。少なくとも、今のような危機はやってきていないでしょう」(幹部技術者)。

インタビューをしていくうちに気づいたことがある。それは、相容れないような特性を持つ二種類の技術者が企業内にいるということだ。

一つは、既知の知識世界の中で、その知識の量を競い合うタイプの技術者である。彼らは技術の極限をめざしているものの、未知の知識には興味を持たないし、むしろそれに関わることを忌み嫌う。山に登り始めたらその頂上に向かって迷いなくまっしぐらに登っていき、未知の山の存在など見向きもしない。生産部門の技術者は、ほとんどこのタイプである。このタイプを「既知派」と呼ぼう。

もう一つは、既知の知識世界で競い合うことに意味を見出さず、未知の世界をいつも探索するタイプの技術者である。彼らはいつも登山への疑念を抱き、他にもっと高い山があるのではないかと、未知の山ばかりを探す。研究開発本部の科学者・技術者は多くこのタイプだ。このタイプを「未知派」と呼ぼう。

この2つの方向性は、どちらも企業にとって必要である。しかし、ある山に「集中と選択」がなされるとき、当然のごとく前者の「既知派」が会社の空気を支配し始める。こうして「山登りのワナ」ができあがるのである。

2　危機からの脱出策

†負のループを断ち切る

この「山登りのワナ」仮説を、今度は事務系の側から眺めてみよう。

戦略企画部門にいる財務系幹部に同じ質問をぶつけてみると、「長期的な研究・開発がかなり短期目線になっていったことは事実」と認めたうえで、「しかし、それは意図的にそうしたというよりも、そうせざるを得ない環境に追い込まれていった」と振り返った。つまりこういうことだ。

設備投資を回収するためには、とにかく製造し続けなければいけない。それを止めた瞬間に、数千億円レベルで在庫の減損が出る。生産活動自体は販売よりも利益が出るので、工場を稼働させるために、とにかく作り続ける。

販売の力が弱いために売り切れずに在庫が溜まり、あとで減損しなければいけなくなり、損益計算書にドンと現れる。そうなることはあらかじめわかっているにもかかわらず、やめられない。そのジレンマは相当なものだという。

液晶は次第に売れなくなっていった。液晶は他の製品よりも強かったため、パネル自体は売れていったけれども、韓国のサムスンやLGなどほかのメーカーも立ち上がってきた。台湾・韓国メーカーは、今やシャープと技術的にはほとんど遜色はない。しかも販売力ははるかに強い。そこでどんどん攻勢を仕掛けられた。

財務体質が悪化すれば、企業体力も弱体化していくので、先行投資を削らざるを得ない。そうすると、ネガティヴなスパイラルに入っていく。

当時の片山社長は、自分でつくった液晶事業について「まず生産ありきだ」と訴えた。液晶の生産現場は、財務系部門とは「文化」が異なり、とにかく作って工場の稼働率を上げることが「善」となる。財務系の幹部が「在庫リスクが高くなる」と、いくら物申しても耳を傾けない。生産技術の技術者は、強いプライドとパワーを持っているのである。

作っても売れないことはみんなわかっているにもかかわらず、生産し続けて巨額の赤字を出すに至る。ここ数年は「膿を出す」という名目で、数百億円から1000億円単位で液晶の在庫を減らすということをやり続けている。

この財務系幹部は、リーマン・ショック以前から財務の危機が来ることを予想しており、警告も発していたという。しかし結局、危機を免れることはできなかった。

「負のループを断ち切れない、というのは病気です。まだ財務の体力があった2013～14年の段階で、5～6億円レベルの損を被ってでも液晶の工場を売るなり止めるなりという経営判断をしていれば、こんな損を出さなかっただろうし、間違いなく他のいろんなところに投資もできたと思う」。

たとえイノベーション型の企業でも「山登りのワナ」から逃れることは難しい。そして未知の知識に無関心なうえプライドも高い「既知派」の生産技術者が企業の意思決定システムを担っているとき、そのワナから逃れることは、ほぼ不可能になる。こうなると、そのワナから脱するためには唯一、外圧に頼るほかはない。

ということは、鴻海の傘下に入ったのは、シャープ再生にとっては、むしろ大変良かったということにならないか。これからシャープは、未来技術の研究と開発に集中することができ、液晶の生産は鴻海に任せられるではないか。

そう述べると、彼は言下に「その通りなんです」と答えた。

†鴻海か産業革新機構か

「鴻海は『生産を全部捨ててわれわれに任せるか、それとも止めるか、そのどちらかにしてほしい』と言ってきています。彼らはブランドと先端テクノロジーを持っていないことを自らの欠点だと考えている。それを買いに来ているのだから、シャープはそこに力を入れるべきです。鴻海は今までの何倍もの液晶をつくろうとしており、これに関しては鴻海にオペレーションを任せることになるでしょう。在庫管理や生産システムにおける異常事態を防ぐための規律を鴻海が創ることによって、シャープは今後変わっていくと思います」。

そうするとシャープは、まるで導かれるようにして鴻海という台湾ベンチャー企業によって救われた、ということができるかもしれない。

とはいえ、ぎりぎりまで経済産業省傘下にある産業革新機構から資本を注入することが決まっていた。

産業革新機構案は筆頭株主である液晶大手ジャパンディスプレイと、分社したシャープの液晶事業を統合する構想だった。つまりシャープの買収劇は、国主導による電機業界再編か、初の外資の手による国内電機大手の買収になるのかの綱引きでもあった。だから、歴史の歯車が少し狂えば、今シャープは国の管理下にあった可能性がある。

これについて、別の経営幹部は「産業革新機構とは結婚直前で、指輪をほとんどはめていた。それが最後の最後でひっくり返った」と証言した。

その流れを創ったのは、じつは社外取締役たちだった、という。テリー・ゴウは一人で会社を始め、16兆円企業を一代で築き上げた、いわば立志伝中の人物である。しかもシャープへの出資について個人の資金を積み増してきた。みんなの雇用は守るし、シャープという社名ももちろん守る。自分たちがシャープと一緒になることで、世界企業をつくろうじゃないか——。社外取締役たちは、その心意気に惚れ込んだ、というのである。

最後でのどんでん返しに、経済産業省は「メンツをつぶされた」と恨んだことだろう。逆にいうと、旧経営陣はそのことを恐れたわけである。

鴻海による買収を肯定的に捉えるこの経営幹部はこれからのシャープについて、「数年でポキッと折れるか、V字回復するかのどちらかだろう」と見立てた。

「というのも、社員の多くは心が折れかけています。部長クラスが呆けているため、部下たちまでしょんぼりしている。そのぐらい経営感覚が鈍っていたのでしょう。過渡期の今を乗り越えて『ああ、もうこの人たち（部長クラス）の時代じゃない。自分たちがリーダーシップを取ってやっていくべきだ』と一歩を踏み出す社員が増えれば、シャープは再生できると思います」。

まるで、グローバル化に取り残された周回遅れの日本の縮図を見ているようである。

技術系の幹部、事務系の幹部とも、言葉は違うものの同じ結論に達していることに、読者は気づくだろう。

それは、これまでずっと会社の経営や制度を支えてきた企業文化と世界観（これをパラダイムと呼ぼう）がじつは間違っていたということが明らかになったとき、初めて組織は「山登りのワナ」から解き放たれて自由になるということ、さらにこれによって「創造の場を失っていた」人々が息を吹き返して、企業はパラダイムを破壊する勇気を獲得するということである。

なおパラダイムとは、元来「自然観」のことをいう。米国の科学史家トーマス・クーン（1922〜96）が提起した概念（Kuhn 1962）であって、「科学の仕事の模範となっており、科学研究の伝統をつくるモデルとなるようなもの」をパラダイムと呼んだ。

しかし、本書ではこの概念を広げて、社会や会社が自分自身を認識するための「世界観」として用いることにする。「パラダイムを破壊するときに科学は革命を迎える」とクーンが語ったように、社会ではパラダイムを破壊するときにブレークスルーをもたらすイノベーションが起こる。これについては、第三章で体系化する。

†鴻海傘下に入ることの真の意義

日本のエレクトロニクス企業の中で、グローバリゼーションに成功している企業は少ない。日本人の感覚で日本の社会と文化を背負ったまま海外に進出してビジネスを拡大していく、というのが従来の日本企業の通例だったからである。

ところが、シャープは鴻海傘下に入って、初めて真のグローバリゼーションを目の当たりにしつつあるのではないか。鴻海は自らのブランドこそ持っていないものの、バリューチェーン（価値と事業の連鎖）や物事の判断、人事制度も含めて、世界中にモノを供給する正真正銘のグローバル企業といえる。それは今後、シャープがグローバリゼーションの中を生き抜くうえでの強みになる。

新生シャープをそんなふうに捉えるのは、買収契約に相前後して鴻海と付き合ってきたシャープ研究開発本部長の種谷《たねや》元隆である。鴻海のスピード感や選択は、従来の日本企業とはまったく違うという。

「彼らはとてもリーズナブルだとつくづく感じます。価値のあるところには必ずお金を付けるけれども、それ以外のところには全然お金を付けない。日本企業にはどうしてもしがらみがあり、自前主義のために効率の悪いことも自分たちでやってしまう。しかし彼らは、自分たちのビジョンを実現するための手段はもっとたくさんあると考えている」。

そのグローバル能力はどこで鍛えられたのだろうか。「台湾や韓国は自国だけではやっていけないために、最初から外へ出ていくことをめざしたのではないか」と種谷はいう。

しかも短期志向の中国とは異なり、台湾は早くから長期志向の考え方があった。たとえば、日本の産業技術総合研究所（産総研）に対応する組織である台湾工業技術研究院（ITRI）は、そこから新技術が波及したり人材が育ったりと、実際には起業を支援するインキュベーターとして重要な役割を演じてきた。今までの政策の中でも、台湾は産業を実際に育成することに成功してきた。

「シャープとしての文化を残し、経営改善に貢献できるのは鴻海です。彼らは17兆円規模のビジネスという〝出口〟を持っている。世界にチャンネルを持っている鴻海が、私たちのデバイスを新しい世界で使ってもらえるよう顧客にマーケティングしてくれれば、互いに長所を生かしながら相互補完的な関係が結べます」。

単にハードウェアを供給するという企業経営は終焉を迎えつつある。その意味では、鴻海も今後ずっとEMS企業であり続けるわけではない。これからはIoT（モノのインターネット）の世界を生き抜くために、いかに価値を創っていくかが問われることになる。

種谷の思い描く新生シャープのビジョンは、「世界の分業の中で日本人の頭脳と能力を生かして世界に貢献する」ということである。

第一に、最もベーシックなところで産業の基盤になるような技術を生み出していく。知的財産権さらに技術の標準化に力を入れ、技術の方向性としてもIoTを中心として標準化を考えて製品をつくり輸出していく。その領域はヨーロッパよりも日本のほうが得意なのではないか。

第二に、長寿国であり人にやさしいという日本の特性を生かし、技術によって人間の生活そのものをより良く変えていく。これは材料・ソフトウェア全般に当てはまることであり、ＩｏＴと人々の生活との接点を見出していく。この二つの方向以外のところは、他社に任せればいい。

とはいえ、研究・開発というのは基本的に長期戦である。成果が出るまでには時間を要する。速戦即決のスピード感を旨とする鴻海が認めるかどうか。結局、そこは数字で示すしかないというのが、種谷の考え方だ。

「いくら言葉で説明したところで見解の相違点は埋まらない。経済価値をデータ化するのが私の仕事です。私たちは研究開発会社として得た利益で会社を運営しているということを示さねばなりません。そのためにはＲ＆Ｄ（研究・開発）を独立採算化することです。激変期の今は過去のタブーもなくなりつつあって、ある意味では何でもできる。これは自分が歩んできた道の集大成かもしれません」。

†ボーダーを越える能力を鍛える

異なる企業文化、異なる世界観の世界に自らを置くことによって、かえって大きな財産なる。

を得ることは、研究畑から敢えて事業部に移った種谷の経歴をたどることでより明らかになる。

種谷は、研究所で窒化ガリウムによる青色半導体レーザーをゼロから開発した後、青色レーザーの製造工場を立ち上げ、大量生産を率いてきた。いわば研究・開発から製造・事業までボーダーを越えたうえ、それぞれの場で強力なリーダーシップを取ってきた。その意味では稀有の人材といえる。今でもブルーレイ・ディスク用の青色レーザーを作れるのは、世界の中で日亜化学とソニー、そしてシャープだけだという。

その後、研究所に戻り、２０１１年に研究開発本部の副本部長に就いたあと、現職の研究開発本部長に昇格した。生活環境研究所、材料・エネルギー技術研究所、先端技術研究所、通信・映像技術研究所という四つの研究所を束ねると同時に、全社のＩＰ（知的財産）部門の統括もしている。

「人間は基本的に保守的なので、これがチャンスだと思ったら思い切って違ったことをやったほうがいい。鴻海と産業革新機構、現場としてギャップが少ないのは、もちろん産業革新機構です。でもどうせ変わるなら、ギャップの大きいほうが私たちにとって勉強になる。シャープは弱い立場で鴻海と一緒になっているので、彼らの文化を受け入れざるを得ないところはある。でも自信を持って『これがベスト』と言えば通る世界です。是々非々で議論すればいい。もちろんストレスはあるけれど、異なる要素がぶつかることによるストレスはあったほうがいい。ある程度安定すると、みんなリスクを取らなくなる。失うものがない今は何でもできるし、今だからできることは山ほどあります」。

一方で、シャープからは経営幹部も含めて優秀な人材が競合他社にどんどん流出している。液晶部門のトップ方志教和がジャパンディスプレイの副社長執行役員に就任。日本電産には2014年に片山幹雄・元社長が副会長に就いて以来、大西徹夫・元副社長、広部俊彦・元常務執行役員、毛利雅之・元執行役員が相次ぎ入社し、永守重信・日本電産の会長兼社長によれば、シャープの部長級の採用は100人を超えるという。

それに対する種谷の考えは明確だ。

「私は自己都合で辞めた人にはこう言います。シャープは意外と良かったと思ったら、いつ帰ってきてもいい。以前のシャープなら、そんなことは許されなかった。でもグローバルから見れば、出たり入ったりは当然です。大事なのは、その人がいることで会社にメリットがあるかどうか。それだけで普通に判断すればいい」。

第三章で詳説することを先取っていえば、これまでのパラダイムを破壊するようなイノベーションには、「創発」による新しい「知の創造」に加えて、分野の障壁を乗り越えて横断する「知の越境」というプロセスが非常に重要になる。「知の越境」を実際にやり遂げる知的営みを、私は「回遊」と呼んでいる。従来の日本企業における思考パターンを打破する種谷の考え方と軌跡は、まさにそのような「回遊」を体現しているように思える。

私は以前から疑問に思っていたことをぶつけてみた。それは液晶に関してはシャープが基本特許を持っていたのに、なぜサムスンがビジネスで優位に立てたのか、ということである。

シャープとサムスンは特許技術をめぐって訴訟合戦を繰り広げ、シャープはサムスンの差し止め請求までしたものの、最終的にはそれぞれが保有する特許権を交換して相互に利用し合えるようにすることで和解した。種谷はこう答えてくれた。

「当初よりシャープは裁判に勝てると思っていたし、今でもそう思っています。ただ、シャープもサムスンの特許技術をわずかに使っていますから、お互いにモノが止まってしまうと、ユーザーに迷惑がかかります。そこで和解して、最後は手を結んだんです。辞めた副社長は『差し止め合戦を最後までやったら裁判に勝てたんじゃないか』と言っていました。でも私が個人的に思うのは、クローズされた世界の中で、果たしてシャープだけで産業を創れるのか。液晶テレビをグローバルに広げるための投資能力がシャープにあったか。それを思うと、結果的にはあれで良かったのかもしれません」。

†シャープの危機から何を学ぶか

本章で見出したことをまとめておこう。

シャープの危機は、一見「液晶事業への過大な投資」にあったと見ることができる。しかしその底流には、液晶への過度な選択と集中によって次世代に向かうべき研究・開発ができなくなるという組織のジレンマが存在していた。その現象は、1990年代後半に発生した。

研究開発本部の科学者・技術者ら「未知派」は、たとえディスプレイ技術部門ですら「ちがう未来」に向かうべき製品のビジョンを描くことも、それに向けて自分が明らかにしなければならない要素技術の研究も許されなくなった。ブラックボックス化という会社の方針がそれにさらなるタガをはめた。

一方、液晶の生産事業に関わる技術者ら「既知派」は、生産に向かって邁進した。そこには、在庫管理や生産システムの冗長さについて規律付けが働かなかった。こうして山に登り始めたら、その頂上に向かって迷いなくまっしぐらに登っていき、未知の山の存在など見向きもしない空気が組織全体を支配するようになってしまった。旧態依然としたプロダクト・アウト型（市場の需要を意識せず、製造を重視する大量生産時代の生産手法）に固執したのである。

こうして「山登りのワナ」が組織に生まれて、山に登ったものの下りられなくなってしまった。希望的観測をすれば、シャープは鴻海の傘下に入ったことで「山登りのワナ」から解けた可能性がある。であれば、シャープは日本企業の中でいち早く、次世代型のイノベーション・モデルを手に入れたということになる。

とはいえ、敗戦直後の日本の支配層のように、部長クラスがこのパラダイム破壊に付いていけずに気力を失い、それを見た若手まで自信を失っているのが現状である。シャープが「スパイラル戦略」を取り戻して再生できるかどうかは、若手がこの好機をものにして、リーダーシップを取っていけるようになるかどうかにかかっている。

第二章

なぜ米国は成功し、日本は失敗したか

1　日米の違いはどこに？

†急落する日本の科学のアクティビティ

海外企業の傘下に入ったシャープにおいて象徴的に見られた日本のエレクトロニクス産業の経営不振は、単に企業による経営戦略や景気の動向に帰せられる現象ではない。日本のサイエンス型産業全体の再生を図るためには、その凋落の背後に潜む構造的要因を解明しなければならないだろう。

では果たして日本のサイエンス型産業の国際競争力がいつからどのように凋落してしまったのか。そしてその凋落は主としてどのような産業分野で起きているのか。

資源のない日本では、原材料を輸入して、科学と技術の力によりさまざまな価値を付与し、原材料より高い価格で輸出して国富を高めるほかはない。ということは、輸出価格を輸入価格で割った値（これを「交易条件」という）が、日本の国際競争力のダイナミクスを眺める良い指標になることがわかる。この交易条件（＝輸出価格／輸入価格）が1より大きければ国際競争力が高く、1より小さければ国際競争力が低いということになる。ただし一般には、ある年を基準にして計測するので相対的な値となる。

私がこのような見方を学んだのは、2014年に経済学者の齊藤誠と対談したときであった（京都クオリア研究所 2014）。この慧眼について、齊藤はマクロ経済学の著書においても触れている（齊藤 2014）。

齊藤によれば、交易条件が急減し始め、日本の国際競争力が急激に落ち始めたのは、2000年代に入ってからだという。リーマン・ショック後に石油価格が暴落して、交易条件はいったんわずかに高まるものの、2013年には石油ショックで経験した水準よりさらに悪化した。そのために高いものを買って安く売らざるを得ないという悪循環が起きて、日本の所得がどんどん海外へ逃げている。この莫大な所得漏出は21世紀に入ってから加速し始め、その加速度はここ数年さらに増して、とめどがない。

なぜ、輸入価格より輸出価格が安くなっているかといえば、日本の主要な輸出製品が国際競争力を失って輸出価格が下がるとともに、むしろ海外の製品のほうが優秀であるために輸入が加速度的に増えているからだ。

「鉱物性燃料」（石油など）を除いて、日本経済の足をずっと引っ張っている産業は何かといえば、「医薬品」である。医薬品産業はずっと赤字が続いており、しかも図2−1に示

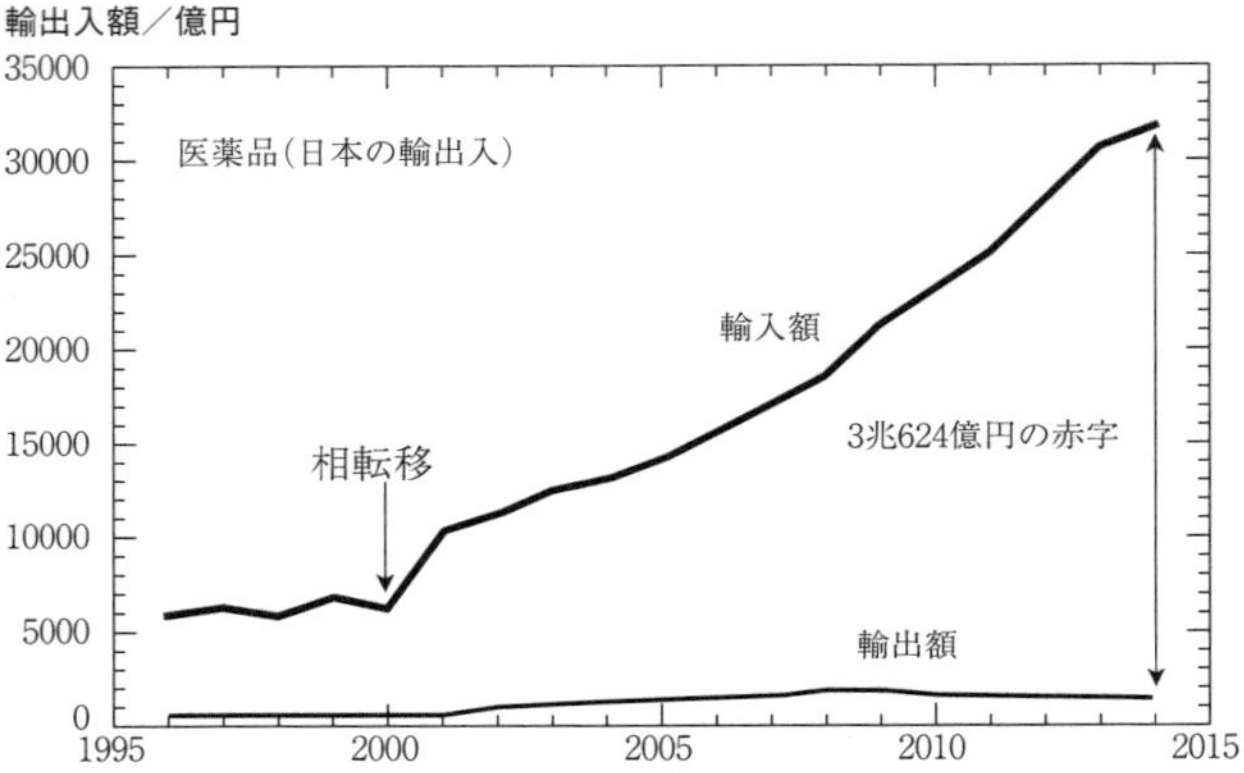

図2－1　医薬品の、日本から海外への輸出額と海外から日本への輸入額。
出典＝厚生労働省薬事工業生産動態統計年報

すように、その赤字額は2001年から突如急増して2014年には3兆624億円に達した。

その推移を見ると、2000年まで海外からの輸入額は6000億円程度とほぼ一定であるとともに、海外への輸出額も500億円程度で安定している。ところが2000年に、ある種の「相転移」が起きた。そこからは海外からの輸入額は1兆円を超え、2014年には3兆円を超えるまで急伸する一方、日本からの輸出額は1000億円台にとどまってしまった。

現代の医薬品産業は、多様な学問が交差するサイエンス型産業の頂点に位置する。それは、ヒト遺伝子データベースが完成するとともに、創薬のための候補化合物のライブラリーができあがって、「発見する薬」から「デザインする薬」へと創薬の方法論が変容したことによる。

この新しい方法論により、今までになかった高分子量のタンパク質をデザインすることができるようになったのだ。

さらに、科学研究により発見された標的分子を最適化して製品の前駆体にするまでに、サイエンス型ベンチャー企業の存在が不可欠となった。かくて「発見する薬」から「デザインする薬」への方法論の変容は、科学に基礎を置くビジネスとして医薬品業界に革命をもたらした。日本はその流れに完全に出遅れたのである。

†創造の場を奪われた日本の若者たち

別の側面から日本の科学のアクティビティ低下にアプローチしてみよう (Ijima and Yamaguchi 2015)。

ここで着目するのは、日本の学術論文数が21世紀に入ってから、ずっと足踏みをしているという事実である (図2-2)。その内訳を100の主要学問の分野別に見てみると、61分野で減少しており、39分野では増加している。そのすべてをならした結果の「足踏み状態」である。

問題は、どの分野で論文数が減少しているか、だ。図2-3に示すように目立つのは、物理学、材料科学、生化学・分子生物学の分野で、2004年から減少の一途をたどって

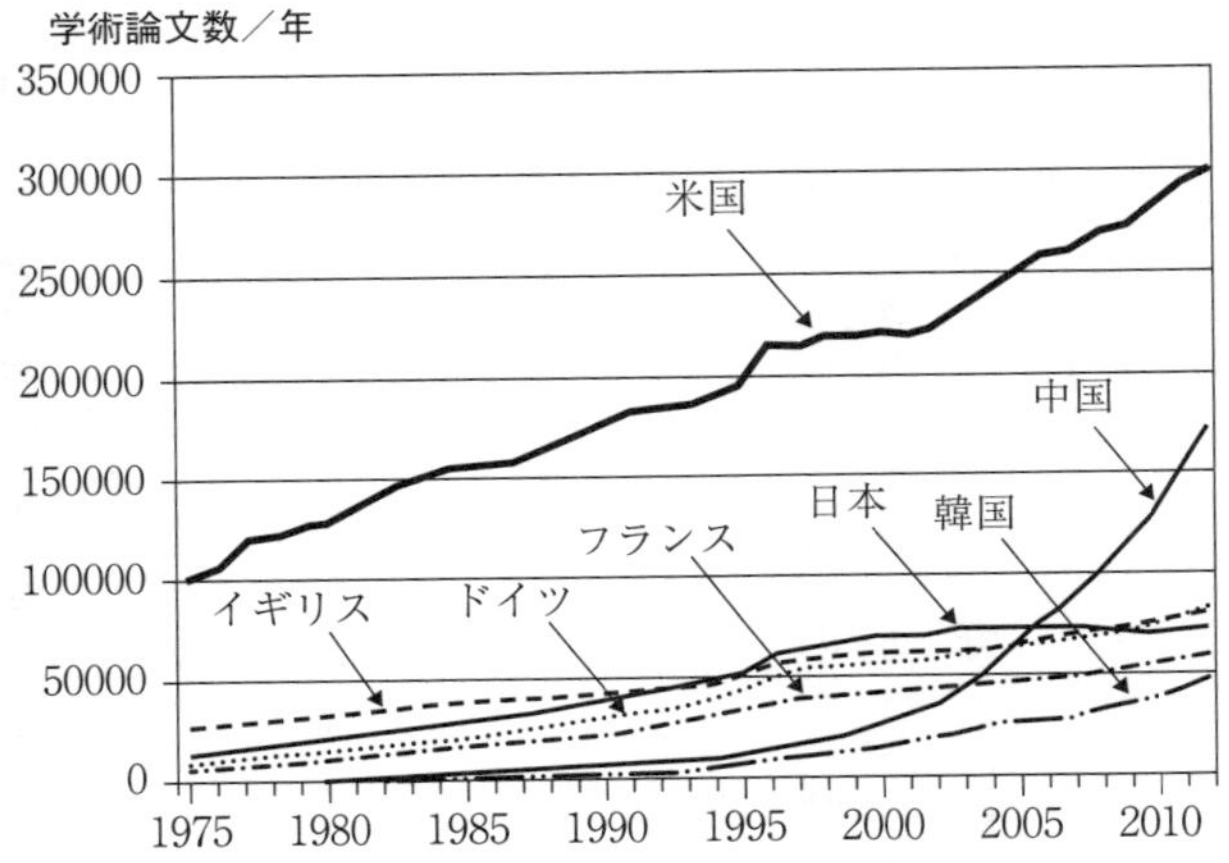

図2－2　世界主要国からの学術論文数（年間）の経年変化。
出典＝ Iijima and Yamaguchi (2015) Fig.1 より改変（韓国を追加）

いる。物理学をさらに詳細に見てみると、応用素粒子物理学は増加しているものの、応用物理学と物性物理学の減少が甚だしい。

応用物理学・物性物理学・材料科学は、いわば物質に関する科学であり、半導体やナノテク、その先にある量子力学産業を支える学問である。生化学・分子生物学は、iPS細胞や免疫制御、遺伝子組み換えなど、これからの医薬品産業、とりわけ先進医療に不可欠な学問にほかならない。

逆に論文数が増えている化学、腫瘍学、天文学、数学、そして前述の素粒子物理学といった分野は、化学を除けば既存の産業に直接寄与する学問とはいえない。

要するに日本では、21世紀を担うイノベーションに直結している最も重要な領域に

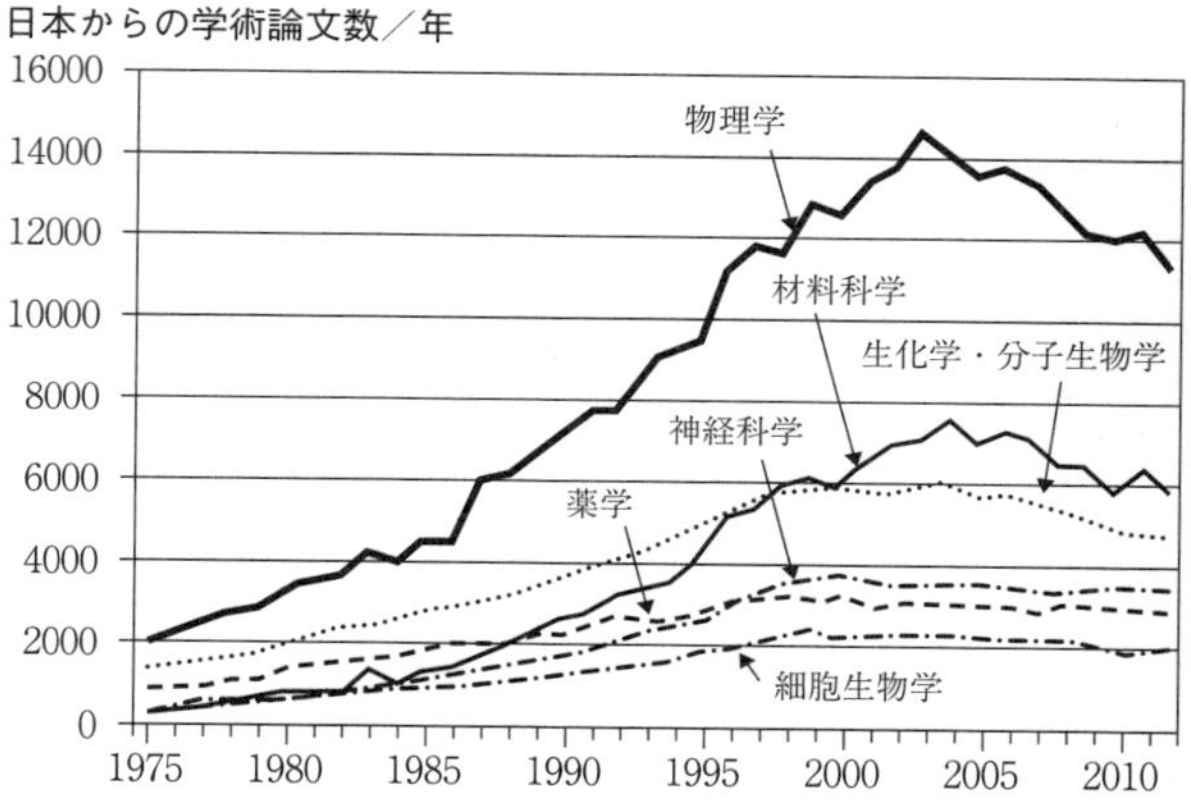

図２－３　日本からの学術論文数が減少傾向にある学問における学術論文数（年間）の経年変化。
出典＝Iijima and Yamaguchi (2015) Fig. 2

おいて、科学のアクティビティが急速に下がっているということだ。

いったい、どうしてこういうことになったのか。考えられるのは、これらの分野において民間企業などに勤める職業科学者の数が減り始めた、という可能性である。

そこで、職業科学者の予備軍たる博士課程の大学院生数の推移を調べてみると、図２－４に示すように、確かに１９９７年を契機に物理学分野の大学院生の数が減り始めている。分子生物学についても、おそらくは同様の結果が得られることが推測されるため、ここでは物理学分野のみを調べてみる。

大学院生がプロの研究者になるための期間は、おおむね６～８年である。とすると、

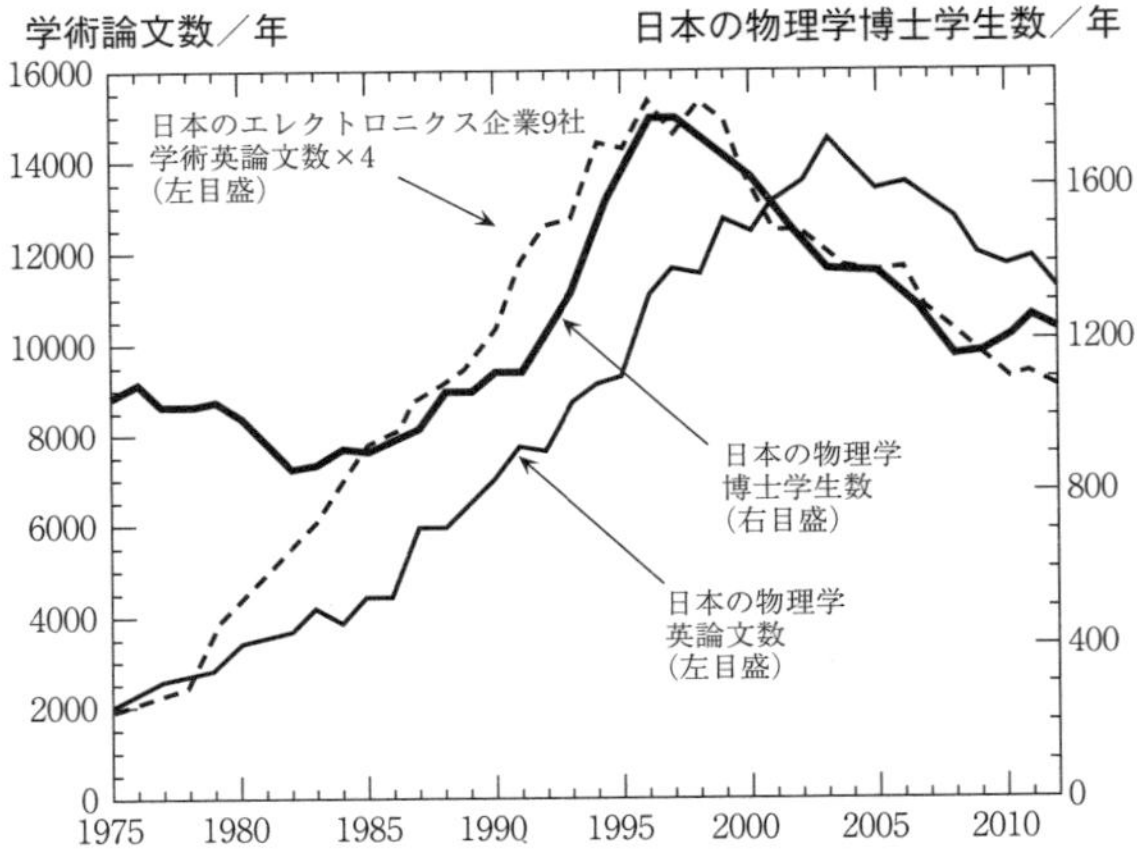

図2－4　日本の物理学論文数（細実線）、物理学博士学生数（太実線）、日本の9大エレクトロニクス企業からの論文数（破線）の経年変化。9大エレクトロニクス企業とは、NTT、NEC、日立、東芝、三菱電機、富士通、パナソニック、ソニー、キヤノンであって、破線はその合計論文数（全分野、年間）。
出典＝Iijima & Yamaguchi (2015) Fig. 5－1.

2004年ころから学術論文数が減少し始めたという事実と合致する。

では、なぜ物性・応用物理学、材料科学、生化学・分子生物学の分野で特異的に博士課程の大学院生数が減り始めたのだろうか。

考えられるのは、「これらの分野で博士号を取り、職業科学者になっても未来への希望が持てない」と若者たちが考え始めたということだ。分子生物学の分野でも、博士号を取るとむしろ就職口がなくなる、という話をよく耳にする。

それればかりではない。博士号を取った若き科学者たちを大企業が採用しない傾向は、90年代後半以降、ますます際立ってきたため、日本では博士号を持ったワーキングプアが激増している。日本は創造的な若者たちが創造の場を失っていく社会に成り果てようとしているのである。

日本のサイエンス型産業のうち、まず半導体産業を含むエレクトロニクス産業が96年ごろ、科学研究の活動を大幅に縮小させ始めた（図2－5）。ついで98年ごろ、医薬品産業が基礎研究から手を引き始めた（図2－6）。これは、民間企業の科学者たちがリストラされるなり研究部門から外されるなりして、彼らが書く論文数がつるべ落としに減っていったことから裏付けられる。

日本のエレクトロニクス大企業9社の物理学の論文数を調べると、図2－4に示したように物理学分野における博士の学生数の減少ラインとぴたりと一致した。となると、「中央研究所の時代の終焉」現象が、業態を超えて波及し、ついにその影響を学究の世界に及ぼした、ということになる。

つまりこういうことだ。日本は80年代初頭から大企業の研究所における科学研究を中心に技術革新を行なってきた。ところが、大企業は90年代後半に研究機関を次々に閉鎖・縮小していった。その結果、大学院生が自らの創造性を社会に発揮できる機会は大幅に減り、若者は民間企業に入っても研究はできないと判断した。物性・応用物理学、材料科学、生化学・分子生物学を修める若手研究者はどんどん減り、結果的に論文数も減った——。

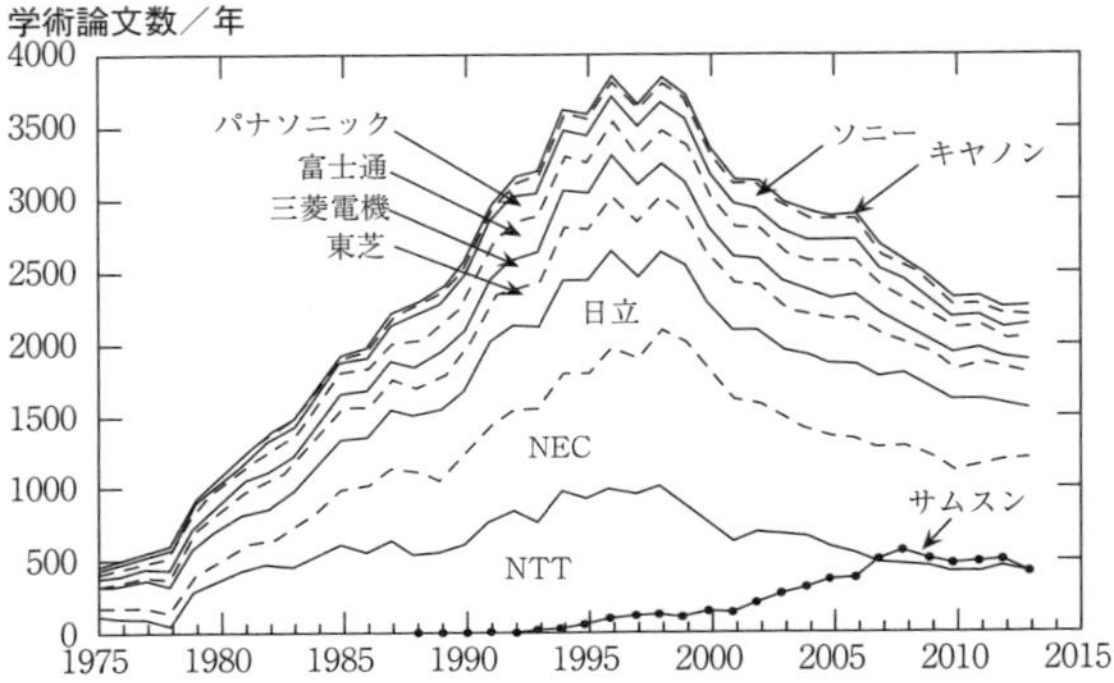

図2-5　日本のエレクトロニクス大企業9社および韓国のサムスンからの学術論文数（全分野、年間）の経年変化。9社とはNTT、NEC、日立、東芝、三菱電機、富士通、パナソニック、ソニー、キヤノンで、学術論文の多い順に積み上げで表示した。
出典＝Iijima & Yamaguchi（2015）Fig. 5-1より改変（各企業の内訳を示すとともにサムスンを追加）

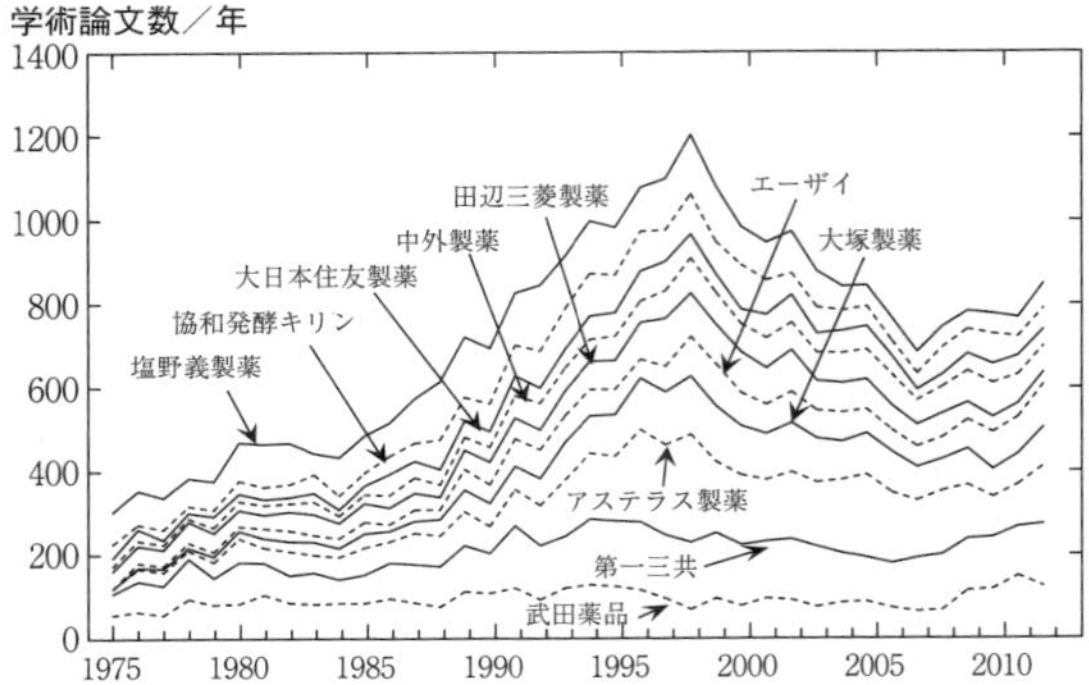

図2-6　日本の医薬品大企業10社からの学術論文数の経年変化。10社とは、武田薬品、第一三共、アステラス製薬、大塚製薬、エーザイ、田辺三菱製薬、中外製薬、大日本住友製薬、協和発酵キリン、塩野義製薬で、学術論文の多い順に積み上げで表示した。
出典＝山本・山口（2015）図7-19

日本の研究・開発費の8割を担ってきた日本の民間企業が科学研究から撤退したことが、創造的な若者たちから創造の場を奪い、日本の産業競争力を急落させるとともに、日本全体にわたって科学の競争力まで低下させたのである。

†日本人は勇敢ではない?

ここで大きな疑問に直面する。研究機関の閉鎖・縮小は日本だけではなく、米国にも見られる現象だ。というよりも、「中央研究所の時代の終焉」は米国発の現象だったということである。

20世紀初頭、科学の発展途上国であった米国は、ヨーロッパから一流の科学者を獲得してキャッチアップを果たした。同時に民間企業の中で科学研究を進め、その成果を技術化して産業に応用し、生じた利益を研究の場に還元するというシステムを築いた。さらに、このシステムを円滑に運用するために、科学者を組織化した中央研究所をつくっていった。

その第一の成功例がデュポン社によるナイロンの開発成功であり、第二の成功例がマンハッタン計画による原子爆弾開発の成功であることはよく知られている。

とりわけ後者においては、世界第一級の科学者集団が組織的に基礎研究を遂行すれば、短期間で最終兵器の実用化にまでたどりつけるという事実を具体的に提示して、第二次大戦後の米国のイノベーション政策を決定づけた。そして、ついに20世紀最大のイノベーションであるトランジスタが、AT&Tベル研究所で誕生するに至った。

ところが、1970～80年代の不況を経て、まず90年にAT&Tベル研究所が科学研究からの撤退を決定した（山口 2006）。翌91年にはIBMがやはり基礎研究からの撤退を始めた。世界のイノベーションを牽引してきたこの二つの機関の動向は世界中に波及した。その後もゼロックスのPARC（パロアルト研究所）がなくなり、ヒューレット・パッカードも基礎研究の規模を縮小した。

ところが、基礎研究を世界に先駆けて縮小したにもかかわらず、米国では科学や技術系企業は日本のように凋落するどころか、どんどん勢いを増していった。それは90年代以降の米国におけるIT産業、医薬品産業の隆盛を見れば明らかだろう。

それはなぜなのか。この謎を解くことが、日本の科学と産業を再生するための鍵となりそうだ。

米国で企業の研究機関から出て行った科学者たちの多くは、大学に行くなりベンチャー企業を立ち上げるなりした。90年代に大幅な経済再生を遂げた「米国の奇跡」は、そこに起因すると考えられている。

対する日本人の企業内研究者のほとんどは、リストラの憂き目に遭うか、研究・開発部門から生産管理部門や営業部門に配置転換されるなどして、その才能を生かす場を失っていった。

ごく一部の研究者らは日本から脱出し、サムスンをはじめとする韓国企業、台湾企業さらには中国企業に転職していった。

それは、日本の頭脳・技術の海外流出として否定的に評されたものの、イノベーターたちの知識と技能が実用化されて価値を生み出したという意味では、世の中に立派に貢献したといえる。日本にとっては損失だったにせよ、韓国・台湾や中国、あるいは世界の役には立ったのだ。

実際、図2－5に示したように、80年代まで科学研究の能力も新技術開発の能力も持たなかったサムスンは、90年代に日本からの科学者・技術者を多量に受け入れて組織能力を格段に高め、2000年代には世界第一の頭脳を有するグローバル企業になった。

以上のような米国と日本の違いについて、「自分で起業した米国人の科学者に比べて、日本人は起業家精神に欠ける」、あるいは「日本人は自立する勇気がなく、大企業志向が強い」などと国民性の違いや文化的背景にその原因を求める声は少なくない。米国の個人主義と日本の集団主義といった精神文化の違いに帰す言説も見られる。こうした意見は、日本がイノベーションに失敗した原因に対する「類型的な定説」といえる。

†SBIRが米国のサイエンス型産業を劇的に変えた

しかし、ベンチャー企業の聖地たる米国シリコン・バレーを10年以上にわたって定点観測してきた私には、日米に生じた違いは研究者個人の資質や国民性などに起因する現象とは考えられず、何らかの制度的要因があるはずだと思われた。そしてその制度的要因はシリコン・バレーが社会現象になる以前の1980年代にその起源を持つと考えた。

実際、私は物理学者として84年から85年まで米国の大学で物理学の大学院生を指導していたものの、「ベンチャー企業を起こしたい」などという若者にお目にかかったことは一度としてない。彼らの夢はAT&Tベル研究所やIBM研究所などに入ること、それがかなわなければ、大学に残ってポスドク（ポストドクター。博士号を取得後、任期制で働いている若手研究者）になることだった。

したがって米国は80年代に「大企業中央研究所モデル」と呼ばれる20世紀型イノベーション・モデルからの脱却を模索したのち、90年代に新たなイノベーション・モデルを獲得したにちがいない。そのモデルとはどのようなものか。

探索する中で行き当たったのは、米国が82年に始めた「SBIR（Small Business Innovation Research）」と呼ばれるプログラムである。経営学者の西澤昭夫は、「連邦機関のSBIR担当職員は、長期間この事業に従事するため、技術の『目利き』に優れ、国家に必要なイノベーションは何かという観点でベンチャー企業を選択できる点も特徴といえる」（西澤 2009）と述べるなどSBIR制度に早くから注目していた。しかし、私は勉強不足で気が付かなかった。

私がこの制度のインパクトを知ったのは、次世代半導体で明らかに技術劣位にある米国ベンチャー企業が日本のベンチャー企業をさしおいて容易に成功してしまう原因を調べているときであった。プログラム始動から四半世紀を経た2000年代も後半に入ってからのことである。

2　SBIRとは何か

†国が設けた「スター誕生」システム

新しいイノベーション・モデルの礎を築いた米国のSBIRとは、いったいどのような制度だろうか。それを知るためには、躍進する日本を尻目に不況にあえいでいた1970

年代の米国にさかのぼらねばならない。

技術系大企業の幹部をし、ベンチャー・キャピタルを立ち上げたのち76年に国立科学財団（NSF）のプログラム・マネージャーとなったローランド・ティベッツ（1924～2014）は、サイエンス型ベンチャー企業（スモール・ビジネス）をめぐって「市場の失敗」が起きていることに気が付いた（ヤング吉原 2015）。

すなわち、科学知を社会に役に立つよう具現化するにはそのリスクがとても高いため、市場に任せておけば大企業は投資を控える。一方、サイエンス型ベンチャー企業は自分のアイデアを世に具体的に提供したいと思っても、自己資本が少なすぎるために十分な投資ができない。さらに民間のベンチャー・キャピタルは、過度なリスクゆえに当然ながら彼らへの投資を避ける。

先端技術の開発において、基礎研究の成果と実用化・製品化に横たわる乗り越えがたい困難は「死の谷」と呼ばれる。そうしたファイナンス・ギャップが生まれると、イノベーションが阻害されてしまう。しかるにイノベーションは最終的に、市民全体の富と幸福を増やすものである以上、このファイナンス・ギャップは公的資金で補うべきである――。

このようにしてティベッツの中に「スモール・ビジネスこそがイノベーションの担い手である」という仮説が芽生え、「政府が国税を使って、この『市場の失敗』を是正するプログラムを作るべきだ」という結論に至った。そこで彼は、熱心に首都ワシントンDCの関係者を説得していった。

こうして、彼のアイデアは82年に「スモール・ビジネス・イノベーション開発法」として結実し、同年この法の下にSBIRプログラムが開始された。

応募をするベンチャー企業の立場から、SBIRの流れをあらかじめざっと説明しよう。米国でSBIRに応募して採択されると、まず最大15万ドルを「賞金」(Award)としてもらい、チーム作りとビジネス・モデル作りを試みることができる。

「賞金」にはグラント(Grant)とコントラクト(Contract)の2種類がある。グラントは文字通り開発・商業化を支援する資金として与えられ、SBIRに採択された企業側がイニシアチブを持って自由に使うことが許されている。一方、コントラクトは日本の助成金のように開発請負契約であって連邦政府がイニシアチブを持って購入品目を厳密にチェックする。国防総省(DoD)と航空宇宙局(NASA)はほとんどコントラクトである一方、保健福祉省(HHS)、エネルギー省(DoE)、国立科学財団(NSF)はグラントがほとんどを占めている。

この段階で「実現可能」と評価されると、最大150万ドルを「賞金」としてもらい、商業化に挑戦できる。さらに離陸できれば、開発した未来製品を政府が買い取るか、ベンチャー・キャピタル（投資会社）を紹介してくれる。

すなわち、米国のSBIR制度とは、無名の科学者を起業家に転じさせる「スター誕生」システムである。乱暴な言い方をすれば、私が「馬の骨」と呼ぶ、海のものとも山のものとも知れない無名の科学者の卵たちがスターになるためのリスクマネーを、連邦政府が国税を割いて拠出してくれる、という制度なのである。

†3段階の選抜方式

SBIR制度は3つの特徴を有している。

第一の特徴は、米国連邦政府の外部委託研究費の一定割合をスモール・ビジネスのために拠出することを法律で義務づけている点である。この「スモール・ビジネス・イノベーション開発法」はもともと時限立法だったものの、1982年から現在に至るまで変わらず延長され、現在は2022年度（21年10月〜22年9月）までの延長が議会で法制化されている。

この義務化によって、DoD、HHS、NASA、DoE、NSFなど11の省庁は、外部委託研究予算の一定割合以上をSBIRに回さなければならない。なおHHSのほとんどの研究費は、国立衛生研究所（NIH）が運用している。

その割合は、1997〜2011年度までは2・5%。その後は毎年0・1%ずつ上げられて、2016年度には3・0%になった。さらに2017年度以後は3・2%にすると定められている。

第二の特徴は、前述したように3段階の選抜方式で「賞金」の授与者を決定するということである。

第一段階(フェーズI)は、アイデアの実現可能性を探索する局面である。DoDやHHS、DoEの「科学行政官」(プログラム・ディレクターやプログラム・マネージャー)が、たとえば「国境警備に役立つセンサーを開発しなさい」といった課題を提示する。

これに会社を起業した大学院生やポスドクら若き科学者たちが応募できる。競争率6倍程度で選抜された企業に対して8万〜15万ドルの「賞金」を、約6カ月〜1年の期間で拠出する。採択されると、実行可能性が調査され簡単な経営学の知識を伝授される。

第二段階(フェーズII)は、技術の商業化を試みる局面である。フェーズIで高評価を得た企業を競争率2倍程度で選抜し、60〜150万ドルの「賞金」を約2年の期間で拠出する。

ここでの1社当たりの平均「賞金」額は、2013、14、15年度においてそれぞれ、76万ドル、73万ドル、70万ドルであった(藤田 2016)。日本円にして約7000〜800

0万円という金額は、いわゆる「死の谷」を越えるのに必要なぎりぎりの額である。このフェーズⅡに成功すると、最後のフェーズⅢに進むことができる。

第三段階（フェーズⅢ）は、実際に技術を商業化してイノベーションを成就させる局面である。ここでは「賞金」はなく、民間のベンチャー・キャピタルを紹介する。

あるいはＤｏＤやＤｏＥなどの場合、生まれた新製品を各省庁が政府調達する。「この世にないものをあらしめた」のだから当然、市場はまだ存在しない。だから政府が強制的に市場を創出して、ＳＢＩＲに採択された企業の成長の弾み台とするという考え方である。

未来技術のアイデアに基づいてビジネスの可能性を探索する競争（フェーズⅠ）→リスクマネーの不確実性を減らし、アイデアを具体的なビジネスにする可視化競争（フェーズⅡ）→政府調達やベンチャー・キャピタルの紹介によるきわめて具体的なビジネス支援（フェーズⅢ）。

この3段階の選抜方式によって起業した科学者たちは、研究者から起業家へとマインドセットをきちんと切り替えて、着実にイノベーターへの階段を上っていくことができるという仕組みである。

†科学者というアイデンティティを与える

さて、第三の特徴は、科学行政官の提示する課題がきわめて具体的であるということだ。たとえば「超高温で作動するセラミックのマイクロプロセッサを創れ」「樹林地帯でも無線で位置情報を検知できるデバイスを創れ」「光スイッチを用いたイオンチャネル創薬を発見せよ」などなど。これは言ってみれば「今、この世にないものをあらしめるべく挑戦せよ」というミッションである。

科学行政官の使命は、そのような未来産業創造に向かうべき課題をつくり、それを申請者に提示することである。そのために科学行政官は、研究者から政治的に独立していながらも、研究者と同じ深い最先端の知識を有していなければならない。

具体的には、博士号を持ち、研究経験が1年以上あって学術論文を執筆し、講師・助教授以上のポジションに付いた経験のあることを要件としている。

ここで遅ればせながら、「科学者」とは何かをきちんと定義しておこう。元来、科学者とは、自然科学者すなわち自然科学の研究に従事する人のことをいう。人文・社会科学の研究をする人のことは、科学者とはいわずに、自然科学の研究をする人も含めて「研究者」というのが通例である。本書でも、これまで科学者という言葉をそのように用いてきたし、今後とも単に科学者というときには自然科学者のことをさすこととする。

興味深いことに、2014年3月に米国において、SBIRの立案をするプログラム・

ディレクターやプログラム・マネージャー11人以上に「あなたのアイデンティティは何か」とインタビューしたところ、博士号を有する全員が、「私は科学者である」と答えた。「科学者だから、目利きができる」と彼らは胸を張った。

すなわち米国では、科学行政官もまた科学者なのである。彼らは、自然科学の学位を取得し研究を経験した上で、研究者を束ねて分野横断的な研究をプロデュースしたり、さらには科学から経済価値・社会価値を生むことをデザインしたりするプロフェッショナルであるから、研究者と対等に対峙し、同等の科学知を有さねばならない。

一方、ほぼ同時にSBIRに採択された米国ベンチャー企業10社を訪ね、その代表者に「あなたのアイデンティティは何か」と聞くと、やはりほとんどが「私は科学者である」と答えた。

つまり米国では、自然科学の学位を取得し研究者を経てベンチャー企業を起こした起業家たちもまた科学者のアイデンティティを有しているということだ。すなわち米国には、3つのタイプの科学者がいるということになる。

第一に、科学研究を行なう研究者。第二に、科学研究およびサイエンス型産業創造のプロデューサー。第三に、科学から経済価値・社会価値を生み出すイノベーターである。まことに残念ながら、日本には二番目が事実上存在せず、三番目は科学者として認知されていない。

そもそも日本では、科学者なるものが職業として認知されない傾向が強い。たとえば、文部科学省が出している「科学技術白書」は２００３年版から初めて「科学技術に関わる様々な人材」に焦点を当てた。ところが、そこには「研究者」「技術者」はいても、「科学者」という「人材」はいなかった。これについては、第五章で再び触れよう。

†イノベーション・エコシステムを形成

保健福祉省（ＨＨＳ）など11の省庁は、１９８３年度から２０１５年度の33年間に合計３８９億ドルの資金をＳＢＩＲに投じた。２００８年以後は、年間20億ドル以上がＳＢＩＲのために費やされて今日に至っている。直近の２０１５年度の予算額は22億ドルで、その内訳は、国防総省（ＤｏＤ）43％、保健福祉省（ＨＨＳ）32％、エネルギー省（ＤｏＥ）８％、航空宇宙局（ＮＡＳＡ）７％、国立科学財団（ＮＳＦ）７％などである（SBIR 2016）。

米国は21世紀に入ってからはこのプログラムで、毎年２０００人を超える無名の科学者をベンチャー起業家に仕立ててきた。こうして１９８３年度から２０１５年度までの33年間で２万６７８２社（重複を含めると26万３５３０社）の技術ベンチャーが生まれた（藤田2016）。

2008年に全米研究評議会（NRC）は、SBIRプログラムのアセスメントを実施して、その成果をおおよそ以下のように評価している（Wessner 2008）。

▽SBIRプログラムは、技術イノベーションを刺激した。論文、特許、特許のライセンス、分析モデル、アルゴリズムなど多様な知識を創出した。

▽研究を市場に引きずり出して、大学を市場とリンクさせた。SBIR被採択企業の3分の2以上の創立者はかつて大学人であり、創立者の約3分の1は会社を設立する前に大学研究者だった。

▽イノベーションの商業化増大に寄与した。技術ベンチャー企業の20%以上は、SBIRを使って設立された。それらSBIR被採択企業の3分の2以上は、SBIR資金なしでは会社を創業できなかったと報告している。

▽連邦政府は、自らの研究・開発ニーズに合うようにベンチャー企業を活用することができた。さらにSBIRプログラムは、さまざまの連邦省庁の調達ニーズを十分に満たした。

▽イノベーション活動を社会に広範に届けることに寄与した。1992年から2005年の間、毎年、SBIRを獲得した会社の3分の1以上は新規参入者だった。

▽マイノリティおよび身体障碍者の技術イノベーションへの参加を促した。

こうして、米国は政府主導で、大学、企業など社会全体の多種多様な関係機関が自律的に活動し、競争と補完関係の中でイノベーションの創出を加速していく「イノベーション・エコシステム」ができあがったのである。

3 日本の制度的失敗

†中小企業支援策に堕した日本版SBIR

ここで、日本に目を転じてみる。

日本では大学で築いた技術を持って起業しようとしても、最初の設備投資資金は自らの貯えから拠出するしかない。このため貯えのない若者が起業家になることは、さほどの投資資金を要しない情報技術を除いてはほぼ不可能である。

最初から投資会社に出資を求めれば、その投資会社に会社のオーナーシップを奪われ、開発者は技術を置き去りにしたまま、最終的に会社から放りだされてしまう可能性がある。

日本でも米国のＳＢＩＲに当たる制度の導入が待たれていた。

80年代半ばからバブル景気に沸いた日本は、90年に入ってバブル崩壊後の大不況に陥った。90年代後半には実質経済成長率がマイナス2％となるばかりでなく、ついに全産業において開業率が廃業率を下回る事態となった。

これとは対照的に、米国は実質経済成長率が増えて1997〜2000年は4％を超え、好況を呈していた。この要因は、まさにベンチャー企業が次々に生まれて経済全体を押し上げていたからであり、その重要な契機と目された米国版ＳＢＩＲプログラムにならった制度導入の機運が日本でも高まった。

こうして〝日本版ＳＢＩＲ制度〟ともいえる「中小企業技術革新制度」が、99年2月から施行されることになった。

当初は、5省庁（通商産業省、郵政省、科学技術庁、厚生労働省、農林水産省。呼称は当時）がこの日本版ＳＢＩＲに参加した。その後、2001年度に環境省が参加し、2005年度に国土交通省が参加して、2016年現在では7省（経済産業省、総務省、文部科学省、厚生労働省、農林水産省、環境省、国土交通省）が参加している。

しかし結局のところ、この日本版ＳＢＩＲ制度は、米国版ＳＢＩＲ制度とは似て非なるものとなってしまった。日本版の特徴は米国版の特徴をちょうど反転させたものとなっている。

第一の特徴は、米国版とは異なって「政府の外部委託研究予算の一定割合をスモール・ビジネスのために拠出することを義務づけていない」という点である。

法律で定められていないため、参加するかしないかは省庁の任意である。その額は2009年度こそ交付実績1185億円と米国版に迫る勢いを見せてはいるものの、通常は200〜400億円程度と米国版の5分の1から10分の1にとどまっている。

しかもその実態は、すでに存在する補助金制度に後から「日本版SBIR」のレッテルを貼ったにすぎない。したがって交付金は「精算払い」がほとんどで、会計検査院の検査も厳しいため、米国のような「賞金」とはほど遠いものとなった。

第二の特徴は、一つの例外（新エネルギーベンチャー技術革新事業）を除いて多段階選抜制度ではないという点である。補助金の支給候補者は、その条件に「これまでの実績」を問われるため、実績のない大学院生やポスドクのような若き科学者は支給対象から外されてしまう。

さらに米国版SBIRのように、政府調達による未来製品への市場の創出もなく、ベンチャー・キャピタルを紹介することもない。こうして日本版SBIRに採択される対象者は、ほとんどが既存の中小企業になってしまった。

第三の特徴は、解決すべき具体的課題が与えられないという点である。米国版と対照的に日本版では、「グリーン・イノベーション（低酸素社会への変革戦略）に資すること」などといった漠然とした枠組みだけが提示され、目的を絞り込んだ課題が提示されない。

そもそも課題を設定する側の行政に、未来の産業につながる課題を発想できる能力がない。理由は至極単純である。米国のように研究者にも匹敵する知識と経験を有した科学行政官が日本にはいないからだ。イノベーターを育成する側に次世代の産業を構想できる「目利き力」が決定的に欠けているのである。

結果的に、米国版SBIRとは異なり、日本版SBIRに採択されても名誉にはならず、実のある効果を伴わないので話題にもならない。採択する側もされた側も、膨大な事務負担を伴う形式的で意味の乏しい施策となってしまった。

†根本思想を理解せずに米国に追随

そもそも、なぜ日本において1996年以来「中央研究所の時代の終焉」という現象が起きたのか。これは90年代初めの土地バブル崩壊のせいではない。というのも、各企業の研究開発費は減っているどころか、むしろ増えているからだ。

米国のAT&Tベル研究所とIBM研究所の論文数の推移を調べると、ベル研は90年から、IBMは91年から論文数を減らしていることがわかる。研究者数も80年代半ばから、ぐっと減っている（山口 2006）。これは彼らにとって今後、企業の経営方針としては基礎研究をやめて開発にシフトするという完全な戦略転換を意味する。

日本の大企業は、米国で生じた現象をまったく無批判に受け入れて追随し、「株主価値」重視経営の名のもとに基礎研究から撤退していくという安直な「選択と集中」をしたのである。

この現象が日本では医薬品産業にも波及する（山本・山口 2015）。日本の医薬品産業の学術論文数を調べると、図２‐６にすでに示したように98年をピークに減らしている。つまり科学研究からの撤退である。これはいわばエレクトロニクス企業にならった現象といえる。

一方の米国はどうか。米国の医薬品企業の論文数の経年変化を見ると、図２‐７に示すように変わらず右肩上がりになっている（山本・山口 2015）。このことは、米国で起きた「中央研究所の時代の終焉」という現象は、エレクトロニクス産業に限った現象であって、医薬品産業では戦略がまったく異なっていたということを意味する。

日本は米国を真似て日本版ＳＢＩＲ制度を開始したものの、米国版ＳＢＩＲ制度の根本思想をついに理解しえなかったのである。その結果、日本版ＳＢＩＲ制度は、科学者を起業家にするどころか、単に「上から目線」の旧来型の中小企業支援政策に成り果ててしま

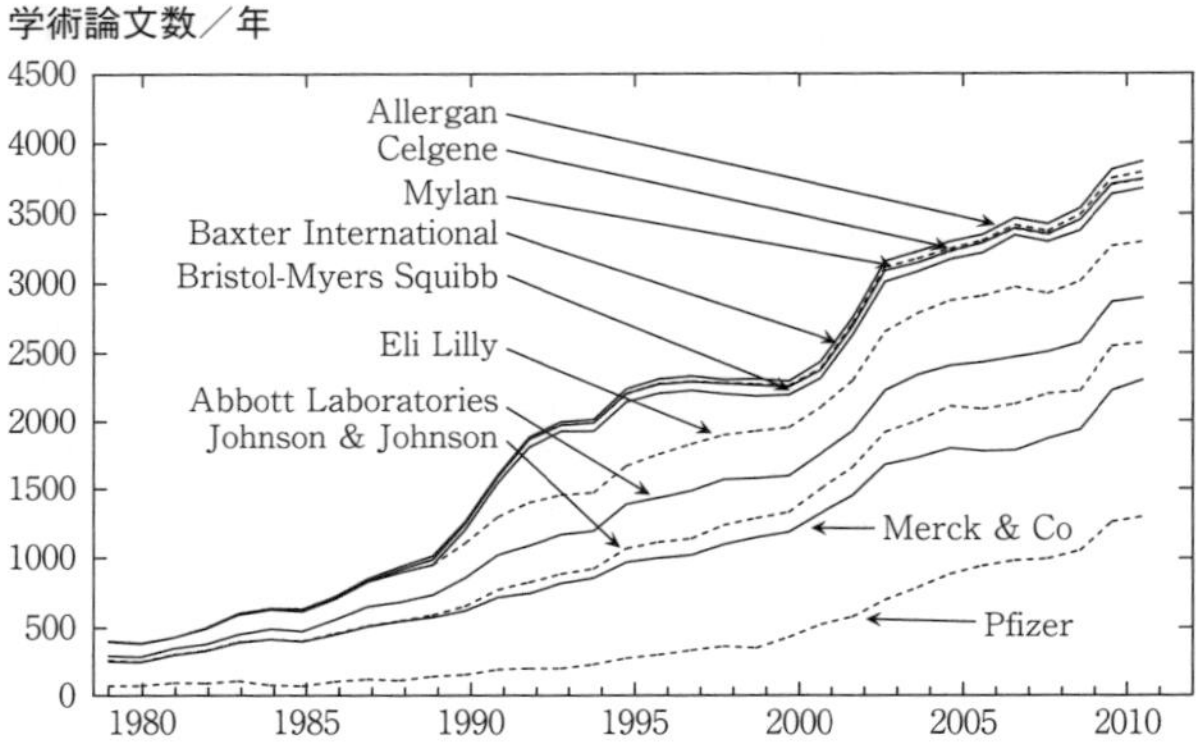

図2－7　米国の医薬品大企業からの論文数の経年変化。論文数の多い順に積み上げで表示。
出典＝山本・山口（2015）図7－18

った。

では、米国版ＳＢＩＲ制度の根本思想とは何だろうか。

米国の産業政策の大胆さ

劇的なイノベーションを生む可能性のあるサイエンス型ベンチャー企業を創業する場合、ティベッツが看破したように、その不確実性が高ければ高いほど、「死の谷」たるファイナンス・ギャップは大きいため、民間からのリスクマネーの供給は期待しにくい。

これまで見てきたことからわかるように、米国版ＳＢＩＲ制度の革新性は、科学者の頭の中にあるアイデアをイノベーションにするために越えねばならないファイナンス・ギャップを、公的資金で補おうという思想にある。

これによりイノベーターになろうとする科学者は、構想段階から身銭を切ることなくサイエンス・ビジネスを起業できる。しかもその副産物として、科学者の雇用機会を自ら創出することができる。

研究すなわち「知の創造」プロセスは科学者の知的好奇心に基づいて行なわれ、経済価値を元来生み出さない。SBIRという制度は、そのプロセスを大学研究室からサイエンス・ビジネスの入り口へと昇華させ、科学者が社会に役立つ具体的な価値を創造できるモデルを切り開いたのである。

大学に残り、研究者になることを夢見ていた無名の若者にイノベーションへの具体的な挑戦課題と自己負担のない資金を与え、イノベーターになるよう勧誘する。科学者の自己実現は自らの「知」を「価値」に変えてこそなされる、と静かに助言する。

言ってみれば、米国は無名の科学者の卵に「研究者になる道以外にも人生のゴールはある。総額約1億円の『賞金』をもらってイノベーターになってみないか」と勧誘する政策を30年以上もの間、やり続けたことになる。

さらに、米国版SBIR制度とは、「スモール・ビジネスこそがイノベーションを起こす」という仮説に基づいて国家が打ち出した大胆な産業政策であり、若き無名の研究者をベンチャー起業家に育てることを企図した国家プロジェクトでもある。

もちろん、ここでの「スモール・ビジネス」とは、単に既存の中小企業をさすものではない。大学で生まれた「知」を宿す科学者たちを、新産業の担い手となるべく選び出し、起業家として鍛え直す。つまり既存の中小企業を保護するのではなく、産業の主役をゼロから創り出すプロセスを意味している。

「スモール・ビジネスこそがイノベーションを起こす」という考え方の裏には、「大企業はもはやイノベーションを起こせない」という洞察がある。「SBIR」という言葉そのものに、そうした思想が込められている。SBIRという制度を創った人たちは、米国経済が低迷するさなかの1982年の時点で、そう言い切ったのである。

その意味において、この政策そのものがイノベーションだと言えるだろう。それは、「未来産業が新技術から生まれ、その新技術は科学から生じ、さらにその科学は科学者の中に胚胎している」という確固たる信念に基づいていた。

その際、連邦政府は「目利き力」の高いエンジェル投資家にほかならない。しかも拠出されるリスクマネーは「出資」ではなく「賞金」なのだ。

こうして、SBIRは「大企業中央研究所モデル」を脱却してのちに創られた「サイエンス型ベンチャー企業による有機的ネットワークモデル」と呼ぶにふさわしい新たなイノベーション・モデルとなった。

この新しい有機的ネットワークモデルは、かつての「大企業中央研究所モデル」と決定的に異なる点がある。それは、後者が一企業にのみ閉じた自前主義のシステムであったのに対して、前者は世界に開かれたネットワークを自律的に形成する、という点だ。こうしてその開かれたネットワークは、社会のあり方のみならず、科学のあり方まで変革したのである。

†米国SBIR「受賞者」の74%が博士号取得者

米国と日本のSBIR制度における「根本思想」の違いをデータに基づいて明らかにするために、SBIRに採択された企業の代表者の「出自」を見てみよう。彼らがどの学問分野の出身で、どういう「知」を持って社会に技術をもたらしたか。具体的には彼らの最終学歴を調べ、博士号取得者についてはその学問分野を調べてみた。

米国版SBIRには、1983年度から2015年度の33年間に6万3648人の科学者が採択され、前述のように2万6782社(重複を含めると26万3530社)の技術ベンチャー企業が生まれた。21世紀に入ってからは、毎年平均して2390社が誕生したことになる(藤田 2016)。

このうち2011年に採択された代表者について、一人ひとりその略歴をウェブ上で探し出していった。1年がかりで丹念に調べた結果、略歴をウェブ上で見出すことができた代表者は645人だった。

この645人の最終学歴の内訳は、73・7％が博士号（Ph.D.）取得者であり、それ以外は、全体の12・1％が大学学部卒、14・3％が大学院修士修了だった。

さて、この博士号取得者の分布を体系的に示す方法として、私たちが新たに開発した「分野知図」（藤田・川口・山口2015）を活用してみる。

図2－8に示したこの「分野知図」は簡単に言えば、一般に知られた39の学問について、その類縁関係を数学的に測定して視覚的に表現したものであり、いわば各学問分野の位置を表した地図である。

作り方は、学術論文のデータベース「グーグル・スカラー」を使って、たとえば「数学と哲学」を同時に含む論文数をカウントする。それは二つの学問の相互作用の強さを意味するため、距離に直すことができる。数学と哲学を同時に含む論文数が数学の論文数と哲学の論文数の和に等しければ、両者の距離は0（最も近い）。逆に数学と哲学を同時に含む論文数が0であれば、両者の距離は1（最も遠い）。39の学問間の距離がこのようにして0から1のどこかに収まる。

すると、39次元空間の中に39個の点が浮かぶ。意外にも、39次元空間に浮かぶ39個の

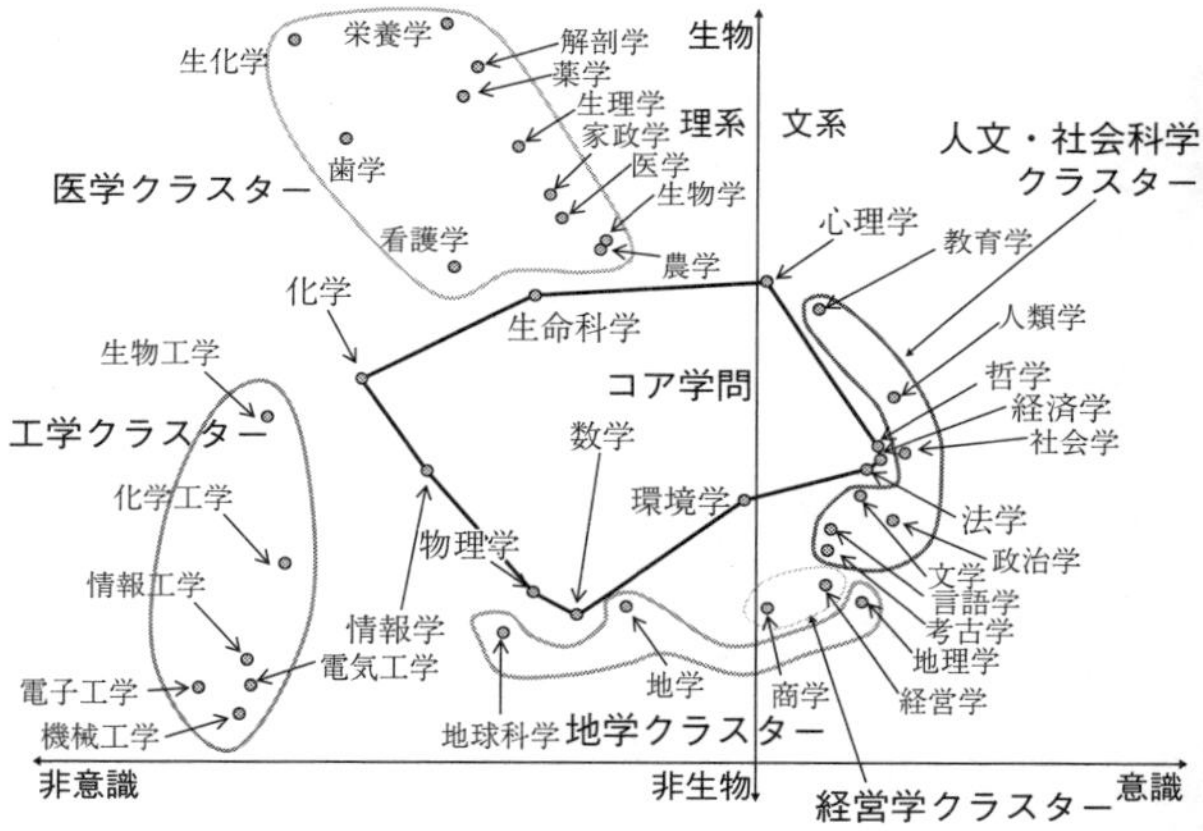

図2－8　分野知図。
出典＝藤田・川口・山口（2015）図6－3

「イワシの群れ」は大変平べったく、適当な2次元軸を取ってやると、その分布を大変よく表現できるということがわかった。こうして描いたのが、図2－8に表した39個の学問の「分野知図」である。

面白いことに、縦軸は「生物の研究」―「非生物の研究」、横軸は「意識を対象とする研究」（文系）―「意識を対象としない研究」（理系）という意味付けができ、しかも第一象限の学問はすべて文系、第二象限の学問はすべて理系になる。この2次元軸は、コンピュータに計算させた結果、勝手にそのように分布した結果であることを強調しておく。

さらに面白いことに、「機械工学」「電子工学」「電気工学」「情報工学」「生物工学」などは互いに類縁性が強いがゆえに、距離的に近いひとまとまり（クラスター）を成し、生物―非生物でいえば「非生物」の側、そして「非意識」の極みに位置する。

分野知図の中央付近には10個の学問（数学、物理学、情報学、化学、生命科学、心理学、哲学、経済学、法学、環境学）が配置される。そしてその周りに5個のクラスター（右回りに、工学クラスター、医学クラスター、人文・社会科学クラスター、経営学クラスター、地学クラスター）が配される。

中央に配置された10学問を「コア学問」と名付けよう。これは、「純粋科学」とも呼ばれる、いわば各学問分野の基礎部分を扱う学問であって、とくに理系のコア学問は、口の悪い人たちから「虚学」と呼ばれるタイプの学問である。このコア学問が、ブレークスルーを起こすためにいかに重要かは第三章であらためて述べたい。

この分野知図の上に米国ＳＢＩＲ被採択者の博士号をプロットした結果を示したのが図２－９だ（山口 2015）。円の位置は代表者の博士学位の学問分野、円の半径はシェアの大きさに比例している。この図から以下の二つのことがわかる。

（１）米国版ＳＢＩＲ被採択者の最大の出身分野は、コア学問に属している。第二は工学クラスター、第三は医学クラスターである。心理学、哲学など文系の博士号取得者も若干存在する。

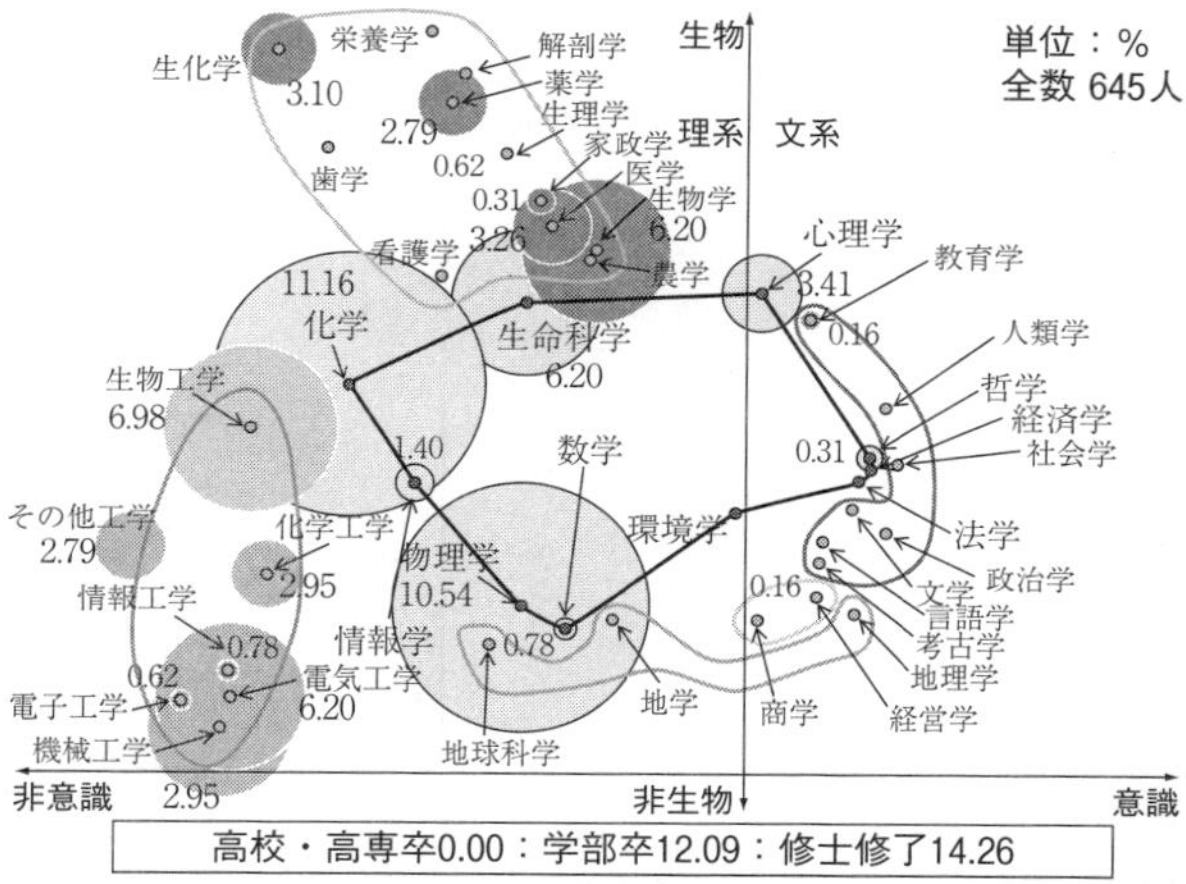

図２－９　分野知図上にプロットした米国 SBIR 企業の代表者の Ph.D. 出自（2011年採択）。
出典＝山口（2015）図１－１

（２）博士号の学問分野を見ると、第一位は化学（11・2%）、第二位は物理学（10・5%）である。また生命科学と生物学を合わせると12・4%となり、この二つを一つの分野とみなせば最大となる。（分母は、略歴が見出せたＳＢＩＲ被採択者の人数６４５）。

この二つの分析結果から、ＳＢＩＲを運営する科学行政官は、純粋科学者が申請しやすいテーマを敢えて課題として設定していることが読み取れる。

それ以上に、米国がＳＢＩＲ政策を通じて大学で生まれた最先端の知識を体系的にイノベーションに転換してきたこと、さらに米国政府が戦略的にコア学問を将来のイノベーションにとっ

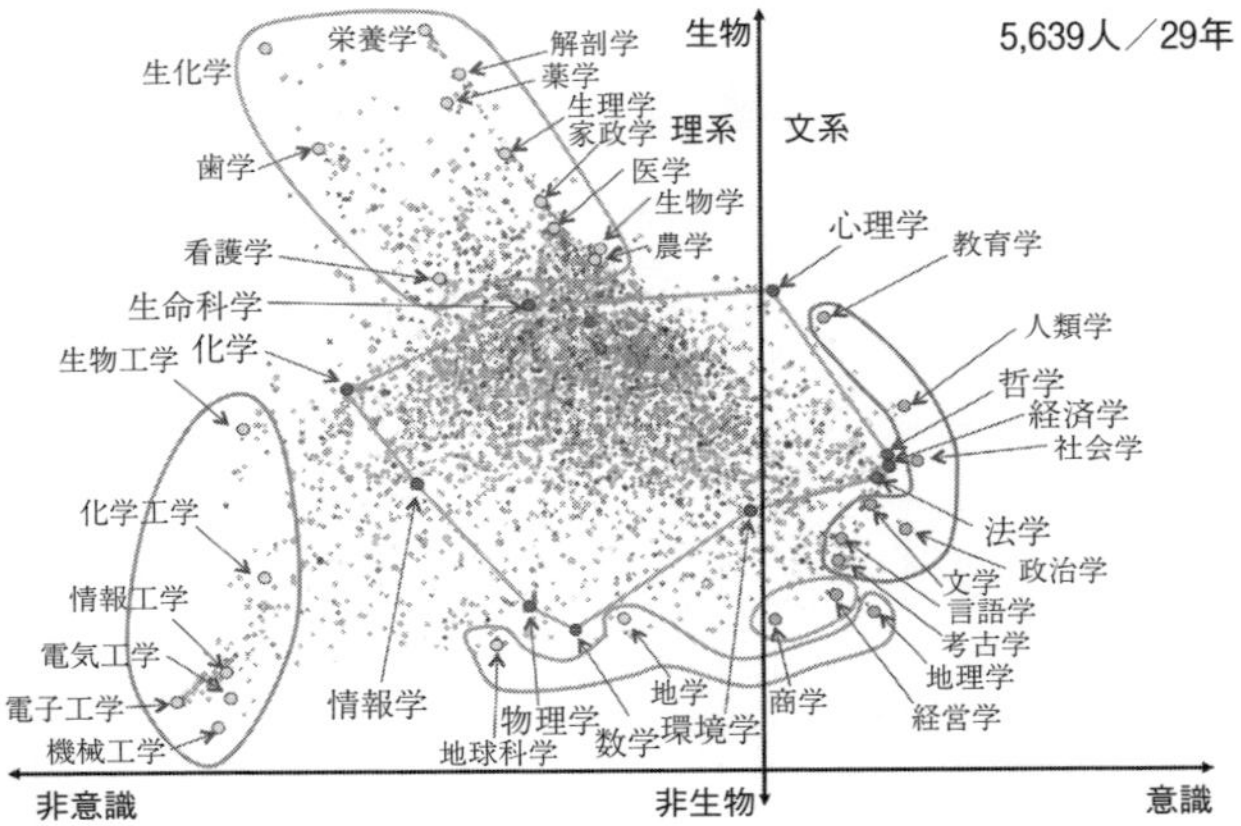

図２-10　分野知図上にプロットした米国 SBIR 企業の代表者の学問分野。1983年度から2011年度まで SBIR 賞金金額の多い5639人について示した。
出典＝藤田・川口・山口（2015）図６-５

て最も重要だと考えていたことがわかる。

　では、ＳＢＩＲ政策を通じて、米国はどんな新産業を創造したいと思ったのだろうか。２０１１年度までにＳＢＩＲに採択された４万６３５４人の中から「賞金」の多い順に５６３９人を抽出すると、「賞金」の約４割に達する。この５６３９人の各人について、39学問のそれぞれとの相互作用を求め、学問分野におけるポジショニングを定めて分野知図にプロットしていった。その結果を図２－10に示す（藤田・川口・山口 2015）。

　すると見事なことに、コア学問群の中にほとんどの点が入った。このことは純粋科学を修めた科学者たちこそが起業しているということを示している。しかも純粋科学の中でも「生命科学」に軸足を置いて、2本目、3本目の足をコア学問群のどれかに置いている。

要するに、米国は「イノベーションはサイエンス型ベンチャー企業から生まれる」という画期的な基本理念を礎にSBIR制度を創設し、戦略的に医薬品産業を育成しようとしてきたということがわかる。

†大学の知を生かさない日本

一方、日本版SBIRに採択された企業の代表者の最終学歴はどうか。

被採択企業は1998年度より2010年度に至る12年間で2万3339社存在する。年間平均約1800社だから、米国のSBIR・フェーズⅡ被採択数と遜色ない。

中小企業庁は、その会社名を一部しか公開していない。公開されている会社名は、中小企業庁が実施したアンケートに回答した会社のみであって、その数は全体の約15%に当たる3559社だけである。

この3559社の代表者の学歴を可能な限りのデータベースを用いて調査すると、1876人の最終学歴を見出すことができた。さらに大学院修了者については、その博士号取得の有無と学問分野を国会図書館データベースで調べた。結果を図2-11に示す（山口

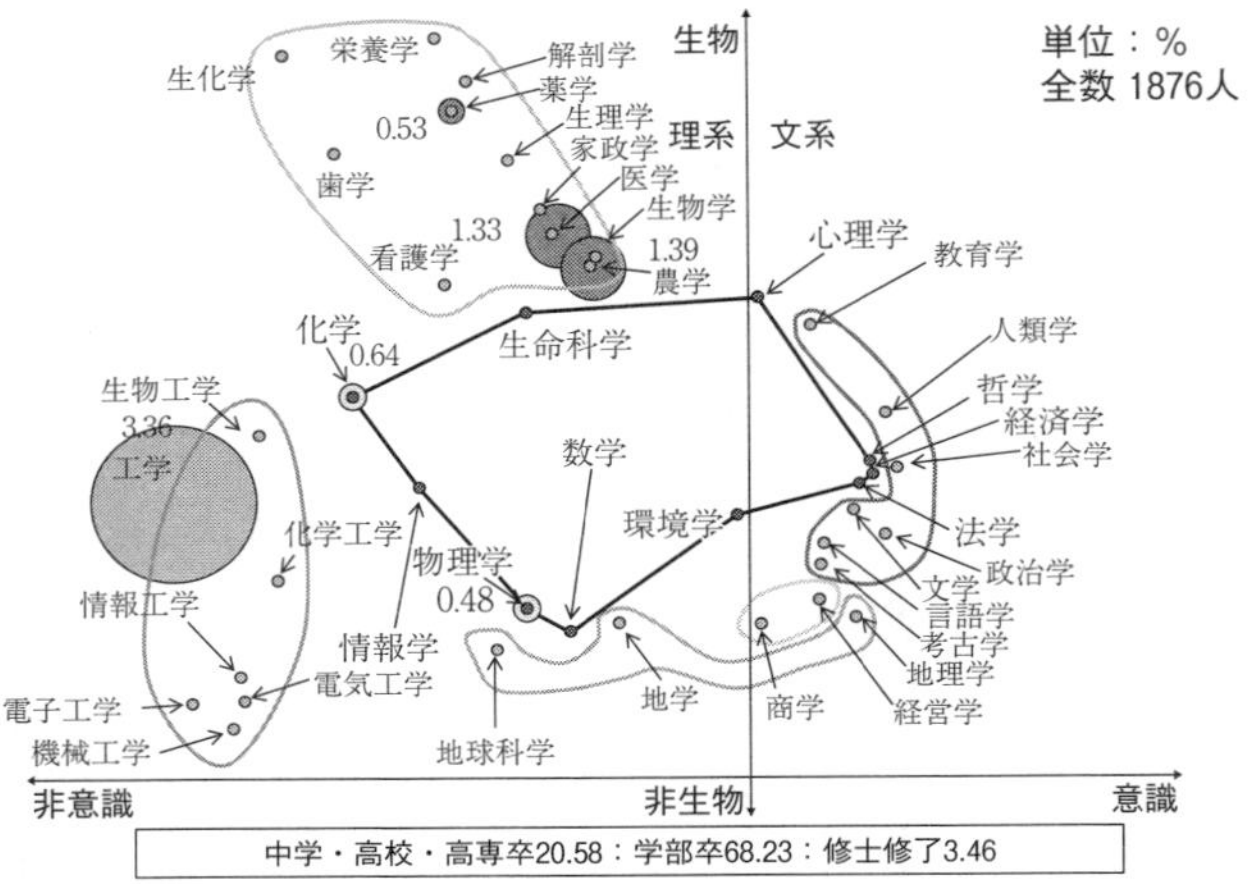

図2-11　分野知図上にプロットした日本 SBIR 企業の代表者の Ph.D. 出自（1998年より2011年まで）。中小企業庁から公開されている3559社について調査した。
出典＝山口（2015）図1-2

2015)。

図2－9と見比べてほしい。米国版SBIRとは対照的に、日本版SBIRでは施行以来、代表者の7・7%しか博士号を取得していない。それ以外は、全体の20・6%が中学・高校・高専・短大卒。68・2%が大学学部卒。3・5%が大学院修士修了。

さらに博士号取得者の学問分野を見ると、工学博士が約半数（7・7%のうちの3・4%）で最大の集団を占める。第二は農学博士（1・4%）、第三は医学博士（1・3%）だ。一方、コア学問群の博士号取得者は、化学0・6%、物理学0・5%にすぎない。文系の博士号取得者は皆無だった。

博士号取得者の割合を比べると、米国73・7%に対して日本7・7%と大幅な開きがある。さらに学問分野では、米国がコア学問、すなわち純粋科学の出身者であるのに対して、日本は応用科学、つまり実学の出身者が多い。

このことからも、日本においては、大学で生まれた最先端の科学知をイノベーションにまで昇華させ、それをもって新産業を創り出すという戦略的意識がなかったことがよくわかる。「科学者」なるものの存在が社会的に認知されていないために、支援制度に科学者をイノベーターにするための育成プロセスが存在しないのは必然だったのである。

†高い付加価値を生んだ米国医薬品産業

日米のSBIRの戦略と制度の違いは、結果としてどのような差異を社会にもたらしたのかを具体的に見よう。

まず、きわめて戦略的なパースペクティブに基づいてデザインされた米国版SBIR制度が、実際にどれほどサイエンス型ベンチャー企業を成功に導いたのか。前述の「出自分析」では、SBIRに採択された企業はバイオ・サイエンス（生命科学・生物学）、化学、物理学に主眼が置かれていた。

医薬品産業は、1970年代後半に米国で生み出された創薬ベンチャーをはじめ、21世紀のイノベーションの源泉となる未来産業といえる。2011年、世界の医薬品市場の国別シェアでは、米国が世界の36・2%を占め1位、2位の日本は11・7%を占めている。SBIRが医薬品産業にどれほど影響を与えたかを分析すれば、SBIRの社会への貢献度を測ることができるだろう。

まず「保険薬を製造する企業の売上高の変遷」を調べると、米国発の創薬企業群の中で、その多くをSBIRのフェーズⅡに採択された企業（以下、SBIRフェーズⅡ企業と呼ぶ）が占めていることがわかる。

産業全体の17%を占める2012年の創薬ベンチャーによる総売上高のうち、SBIRフェーズⅠとフェーズⅡに採択された企業が占める割合は合計で8割近くに達している。企業数と総売上高を比較すると、SBIR企業の数は非SBIR企業の3分の1近くしかないのにもかかわらず、その総売上高は、非SBIR企業の3倍以上に上っている。いかに、医薬品産業でSBIR企業が実績を上げているかがわかる。

医薬品産業界では会社を永続的に経営せず、どこかの段階においてM&Aで売却してしまう例が多い。これがキャピタルゲイン（M&A売却額）となる。

SBIRフェーズⅠ・フェーズⅡ企業は、この30年間で医薬品産業にインカムゲイン（売上高）3170億ドルにキャピタルゲイン1229億ドルを合わせた4399億ドルをもたらした。これがいわば、ＳＢＩＲによって得られた付加価値の累積値となる。

一方、日本の場合、ＳＢＩＲ被採択企業の売上高は無視し得る程度で、その売上高合計は99年の運用開始以降、累計で１・１億ドルにとどまっている。ＳＢＩＲに採択されたうえ過去に売上を計上している企業は、合わせてわずか４社にとどまっている。ＳＢＩＲに採択された企業のＭ＆Ａ取引は過去に１件もなかった。

言うまでもなく、米国においてもＳＢＩＲの原資は国民の血税である。その血税は効果的に使われたのか。すなわちＳＢＩＲの産業政策としての利得を見ておく必要がある。

医薬品産業におけるＳＢＩＲ企業がもたらした付加価値累計額（売上高＋Ｍ＆Ａ売却額）を、保健福祉省（ＨＨＳ）が拠出したＳＢＩＲ「賞金」（Award）の累計額で割れば、ＳＢＩＲ増倍率がわかる。その結果を図２－12に示す（山本・山口 2015）。

過去30年間でＨＨＳから拠出されたＳＢＩＲ「賞金」金額の累計を見ると、２０１３年にはついに１００億ドルに達しようとしている。ＳＢＩＲの運用開始から31年後の２０１３年の時点では、政府支出（ＨＨＳが支出したＳＢＩＲ全予算）に対する収益（売上高＋Ｍ＆Ａ額）は、なんと45倍以上に達している。ＳＢＩＲ政策によって、国民の血税は45倍以上になって戻ってきた計算になる。

たとえば、３人の化学者によって80年に創業したアムジェン社（Amgen）は、ほどなく

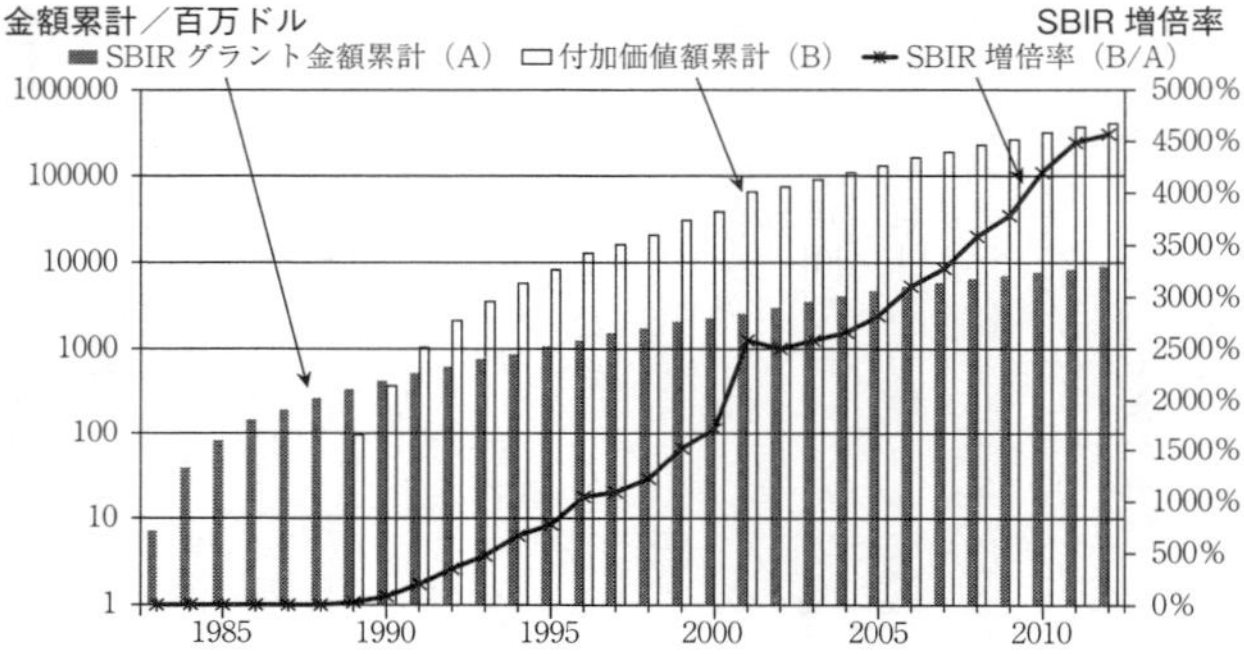

図２-12　HHS から拠出された SBIR グラントの累積 A、SBIR 企業から生み出された年間付加価値額（売上高＋ M&A 売却額）の累積 B、および SBIR 増倍率。
出典＝山本・山口（2015）図７-11

生まれたＳＢＩＲによってその遺伝子クローニング技術がインキュベート（孵化）され、そこから開発されたエリスロポエチン製剤（赤血球増殖薬）がブロックバスター（ブレークスルーをもたらす医薬品）となって２０１３年には１８７億ドルの売上高を出し、医薬品産業で世界11位にまでなった。

また数人の医学者と化学者によって87年に創業したギリアド・サイエンシズ社（Gilead Sciences）も、抗ウイルス技術がＳＢＩＲでインキュベートされ、そこから生まれた抗インフルエンザ薬やＣ型肝炎治療薬がブロックバスターとなって２０１３年には１１２億ドルの売上高を出し、世界19位となった。

†売上をかえって下げた日本版ＳＢＩＲ

最後に、米国版ＳＢＩＲに採択された企業の

「成功確率」はどれくらいかを見よう。ここでいう「成功」とは、年間売上100万ドルを一度でも計上すること、あるいはM&Aに成功することをさす。

驚くべきは、その成功確率である。SBIRフェーズⅡ企業の成功確率は、年々増加傾向にあり、2008年以後は一貫して1・2%を超えている。2012年時点では1・29%に達している。わずか1%強かと思うかもしれないが、この成功確率はベンチャー企業としても、医薬品の研究開発にしても、ケタ違いの高さである。

米国のSBIR政策については、すでにハーバード大学の経済学者ジョシュ・ラーナーが、その計量経済学的評価をしている（Lerner 1999）。彼は、1985年から95年の10年間で、SBIRに採択された企業の売上高が平均してどれだけ伸びたかを測定し、SBIRに採択されなかった同等の企業の売上高の伸びと比較した。

採択された企業では、1社当たり平均して約4億円の売上増があった。一方、採択されていない同等の企業の売上増は約1・1億円だった。つまり、SBIRに採択された企業のほうが、3億円ほどパフォーマンスが高かったことになる。

では、日本のSBIR政策は、どれだけ日本の国富を増やしたのか。ラーナーと同じ分析を行なうために、2006年から2011年までの5年間の売上高の変化を、SBIRに採択された企業と採択されていない企業について比べてみた（井上・山口 2015）。

その結果、採択された企業では1社当たり平均して約2億円の売上減で、採択されていない同等の企業では約0・7億円の売上減だった。SBIRに採択されなかった企業のほうが、1・3億円パフォーマンスが高かった。

これは非常に奇妙な現象だ。SBIRの補助金をもらわなかった企業よりも、もらった企業のほうが売上を減らしていることになる。どういうことだろうか。

これはSBIRの補助金をもらった結果、失敗したというよりも、むしろもともとパフォーマンスの低い中小企業に補助金として国費をバラまいているのが実情なのではないか。いずれにしても、日本のSBIRは国税をまったく無駄に使ったことになる。

†SBIRの再出発によって大学発ベンチャーをつくれ

日本でも大学発ベンチャー企業の創業を促すために、莫大な予算を費やして知的クラスター政策や産業クラスター政策が長い間実施されてきた。しかし残念ながら、そのほとんどは失敗した。

理由は簡単だ。国の助成金を、ベンチャー企業を起こした若き科学者（大学院生やポスドク）ではなく、大学教員に与えたからである。助成金は研究費として雲散霧消し、新しい産業を創り出すことはまったくなかった。

政府はアベノミクスの「第三の矢」の一環として、日本の起業率を現在の2倍に上げるべく、ベンチャー企業育成に向けて2013年度に1800億円の国家予算を準備した。そのうちの800億円が科学技術振興機構に、1000億円が東京大学、京都大学、大阪大学、東北大学に投じられた。政府は大学教授や研究者がベンチャー企業を起こし、科学をイノベーションに転ずることを期待したようだ。

ところが、その制度設計には根本的な欠陥があった。大学でベンチャー・キャピタルを立ち上げ、その会社が投資をするという仕組みに落ち着いたものの、その会社に就任する経営陣は、公募で選ばれた人でないばかりか、自分で技術ベンチャーを起業したりリスク・チャレンジをしたりした経験がほとんどない「素人」なのだ。

未来産業を育てるための課題（トピック）を1年がかりで考察し、創造された「知」を具現化して新産業の創造をデザインする米国のSBIRプログラム・ディレクターやプログラム・マネージャーとはまったく異なる。

すると当然、イノベーションに対する「目利き力」はない。米国版SBIR制度のように多段階の選抜制度を実施する予定もない。しかもSBIRのような「賞金」すなわちリスクマネーとして自由に使えるグラントではなく、あくまで「出資」で、かつ持続可能性が担保されていないので、米国版SBIRとは似ても似つかぬ制度である。

ベンチャー企業では、結果が出るまでに5年以上はかかる。図2－12に示したように、米国の医薬品産業においてもSBIR増倍率（保健福祉省が支出したSBIR全予算に対するSBIR企業の全収益）が1を超えたのは、SBIR制度が始まって7年目のことだ。

国税1800億円を今までのように無駄遣いすることなく、日本の新産業を生み出す契機にできるのか。持続可能性を担保する新たな制度設計の構築が急がれる。

第三章

イノベーションはいかにして生まれるか

1　創発―科学の本質に迫る

†「知の創造」と「知の具現化」

米国のサイエンス型産業の興隆を成功に導いたＳＢＩＲ制度の根幹にあるのは、「スモール・ビジネスこそがイノベーションを起こす」という思想だった。

この思想を真に理解するためには、「イノベーションとはそもそも何か」が問われなければならない。この章では、科学的発見が経済的・社会的価値を生み出すプロセスを考察し、イノベーションを生成する原理に迫りたい。

私は拙著『イノベーション　破壊と共鳴』（山口 2006）で、イノベーションは、「知の創造」と「知の具現化」の連鎖的営みによって生まれることを明らかにした。

「知の創造」とは、第一に「まだ誰も知らないことを知る」ことや、「誰も見たことのないことを見る」こと、すなわち「発見」を契機とする。それはとりもなおさず「科学」にほかならない。たとえば万有引力の法則の発見や相対性理論の発見、量子力学の発見などがこれに当たる。

第二に、「この世にないものをあらしめる」ことである。これは一般に「技術」の一部であって「技術研究」と呼ばれているものの、広義の科学、あるいは科学哲学者の村上陽一郎の言葉を借りれば、「ネオタイプの科学」（村上 2010）と呼ぶべきだろう。たとえば、トランジスタ現象の発見、発光ダイオード（LED）現象の発見、さらには核分裂反応（原子爆弾）の発見は「知の創造」である。これらの知的営みを一般には「研究」と呼ぶ。

「知の具現化」とは、「知の創造」によって見出された科学知を統合して経済的・社会的に価値あるものに仕立て上げる知的営みをさす。それは「技術」と呼ばれ、フェライト磁石の発見が「知の創造」なら、そこから磁気テープ、フロッピーディスク、ハードディスクを開発することが「知の具現化」に当たる。よって、「知の具現化」を「価値の創造」と言い換えても構わない。この知的営みを一般には「開発」と呼ぶ。

人口に膾炙する「研究」・「開発」という言葉と「科学」・「技術」という言葉の関係性を、図3－1に示した。この図からわかるように、「科学」さらに「研究」はそれだけでは経済的・社会的価値を

	科学	技術
開発（演繹）	×	○ 価値をつくる
研究（創発）	○ まだ見ぬものを見る	○ ないものをあらしめる

図3－1　研究・開発と科学・技術との関係性。○×は、「存在する」・「存在しない」の意味。

もたらさない。これを、「科学は価値中立的である」という。

では「知の創造」たる科学は、いかなるプロセスを経て「知の具現化」、すなわち経済的・社会的な「価値の創造」にまで昇華されるのか。この原理を解き明かすことは、科学と社会の関係性の中で生み出されるイノベーションの本質を突き止めるとともに、科学の本質に迫ることにもなるだろう。

なおここで「ネオタイプの科学」について、注釈を付けておきたい。村上は「かつて科学者共同体の内部で自己完結していた科学が、20世紀に入って、社会からの要請を契機とし社会と相互に関連し合うがゆえに社会に対して道義的責任を持つ科学になってきた」と述べた上で、前者を「プロトタイプの科学」、後者を「ネオタイプの科学」と定義した（村上 2010）。

しかし、クライアントが誰か、あるいは社会と相互に関連しているかどうかという現象論的な定義では、その境界が曖昧となる。そこでこの境界を明確にするために本書では、「ネオタイプの科学」を「この世にないものをあらしめる」が故に一般には「技術研究」と呼ばれている「研究」として再定義する。

†「昼の科学」と「夜の科学」

私は前掲書で、人間の知的営みを独自にモデル化した「イノベーション・ダイヤグラム」を提唱した。

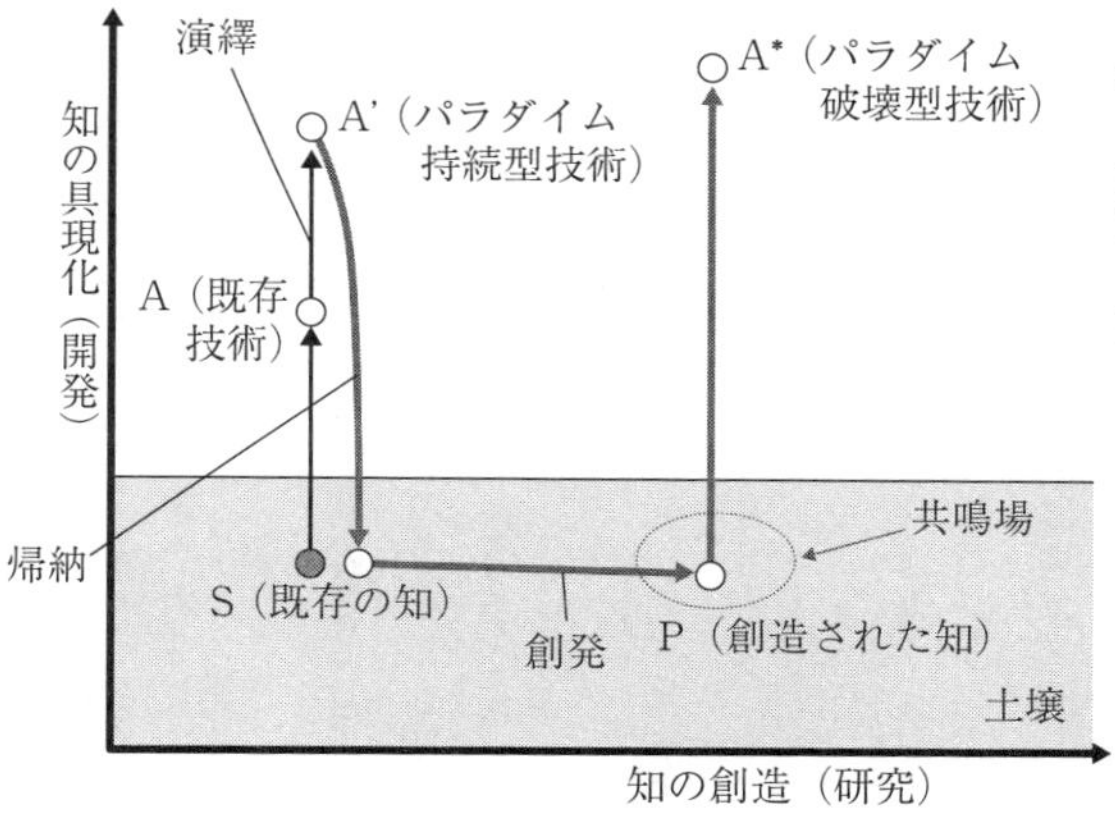

図3－2　イノベーション・ダイヤグラム。
出典＝山口（2006）図2－3　および山口（2014）図6－4

これは、まず図3－2で示すように、人間のまったく異なる知的営みにほかならぬ「知の創造」と「知の具現化」を直交軸で表現し、それぞれを横軸・縦軸で現した2次元空間である。この2次元のイノベーション・ダイヤグラム上で、「知の創造」が「知の具現化」へと連鎖して、イノベーションが生成されるプロセスを視覚的に表現した。

以下、このイノベーション・ダイヤグラムのモデルを使って科学とイノベーションの本質を明らかにし、第一章で考察したシャープの問題と、第二章で論じたＳＢＩＲ制度の深層に迫りたい。

図3－2で示したように、2次元のイノベ

ーション・ダイヤグラムでは、横軸に「知の創造」を取り、縦軸に「知の具現化」を取った上で、横に引いた境界線の下の領域を「土壌」とみなした。土壌から木の芽が出て成長していくダイナミクスをイノベーションの類比として捉えると、この図の意味するところを実感できると思う。

「知の創造」という人間の知的営みは、すべて土壌の中で行なわれる。知を創造するプロセスは、真の闇の中をろうそくも持たずに一人で進んでいく探検者の道程である。地図も教科書もない。ただ自分の中にある暗黙知（まだ言葉にされていない「知」）を頼りに前に進むしかない。

一方、土壌の上は陽光が差す世界である。創造された知が土壌の上に芽吹いたとき、経済的・社会的な価値が生まれる。つまり新製品や新サービスとなって、世の中に具体的な価値をもたらす。

イノベーションに至るこの二つのプロセスの原理をノーベル物理学賞受賞者の江崎玲於奈は別の言い方で表現している（江崎 2007）。

江崎によれば、科学はロゴス面とパトス面の「ヤヌス的二面性」を持っている。すなわち、できあがって「形式知」（言葉にされた「知」）として教科書などに載ってしまった「昼の科学」と、まだまだ言語化されておらず、「暗黙知」にすぎない「夜の科学」という二面性である。

一人で暗中模索、試行錯誤を繰り返し、たまさか闇の中に光彩を放つブレークスルーを見つける。科学を前に動かしていく発見の萌芽は、すべてそんな「夜の科学」から生まれてきた、という。言い換えれば、「知の創造」とは「夜の科学」のことであり、かつ「知の具現化」とは「昼の科学」であって、「昼の科学」に生きる科学者は多いものの（これをトーマス・クーンは「パズル解き」と呼んだ）、「昼の科学」は厳密には「科学」ではない。

ブレークスルーに連なるイノベーションは、常に土壌の中で行なわれる「夜の科学」を契機とする。しかし、土壌の上に住む人々や社会や市場には、土壌の中は見えない。企業における研究もまた土壌の中にあって、経営者から見えない。その不可視性がやがて企業の基礎研究の停止・縮小につながっていくことになる。

そのことについて考える前に、「知の創造」の内実について、さらに考察を進めたい。

†コンピュータの思考方法——演繹と帰納

私たちの思考方法には大きく「演繹《えんえき》」と「帰納」の二つがある。「演繹」とは、前提Sを仮に認めるとすれば、必然的に結論AやA'が導かれるという推論方法である。「人間は必ず死ぬ」という前提があり、「ソクラテスは人間である」ならば、必然的に「ソクラテスは必ず死ぬ」という結論が導かれる。

「演繹」は普遍的な前提から個別的な結論を得る推論方法であって、必ず「間違いではない」結論を得ることができる。間違ってはいないけれども、すでに存在する知の組み合わせで成立しているため、誰も考えてもみなかった知を創造したわけではない。

コンピュータは原理的に演繹でできているので、演繹で成立しているチェス、将棋や囲碁の試合でコンピュータが人間を打ち負かすのは当然だ。現行のコンピュータは、ノイマン型コンピュータと呼ばれ、前もって人間が演繹のみでできあがったプログラムを与えることによって動くことをパラダイムとしているからである。棋譜のビッグデータもしょせん有限個の組み合わせにすぎない。

さらに、ソフトウェアやシステム開発、ひいては「知の具現化」たる「開発」は、統合すべき「知」を擦り合わせていく「演繹」行為にほかならない。よって、図3－2でいえば上方向のベクトルS↓AやA↓A'として表現できる。

一方「帰納」とは、個別的な事例Aから普遍的な法則Sを見出そうとする推論方法である。「人であるソクラテスは死んだ」「人であるプラトンは死んだ」。だから「人は必ず死ぬ」と一般化する。この場合は、もし例外があれば、間違った結論を得ることもある。

「演繹」の逆プロセスとして定義されるから、ノイマン型コンピュータは原理的にこれをすることができる。ただし正しい結論をもたらすためには、なるべく多数の個別的事例を参照しなければならない。

最近になってビッグデータが蓄えられたためにコンピュータが人間と辻褄の合う会話をできるようになったのは、これまた当然のことである。「知の具現化」の逆プロセスとしての「知の一般化」であるから、図3-2でいえば下方向のベクトルA'→Sとして表現できる。

†人間だけがなしうる「創発」

科学にとって、最も本質的な知的営みは、「演繹」(deduction)でも「帰納」(induction)でもない第三の推論方法の「創発」(abduction)であることを最初に論じたのは、米国の哲学者チャールズ・パース(1839~1914)である(Pierce 1965)。パースは、

1　驚くべき事実Sが観測された。
2　ある仮説Pが正しければ、Sは当然の帰結となる。
3　よって、仮説Pが正しいと考える理由は存在する。

と述べた上で、SからPを導く推論の方法を「創発」と呼び、「科学知はすべて創発によってもたらされる」とした。「創発」は個別の事実を最も適切に説明できる仮説を導く推論方法であるため、「仮説形成」「仮説的推論」とも訳される。

「帰納」は、一見すると「創発」と区別が付かない。どちらも個別的な事実から、一般的な仮説を導いているからだ。しかし重要な点は、「創発」が「知の創造」をもたらしその結果として既存のパラダイム（自然観や世界観）を破壊するという点である。

占星術師のニコラウス・コペルニクス（1473〜1543）は、惑星の運行がとても複雑な天動説を捨てて地動説に回帰すれば、惑星の運行表をもっと簡単に描けるとともに、太陽の回りを地球が1周する時間としての「1年」を合理的に記述できると考えた。これは、天動説という定説を捨ててもう一度一般論に回帰するという「帰納」の賜物である。

その帰納的思考に勇気づけられたヨハネス・ケプラー（1571〜1630）は、ティコ・ブラーエ（1546〜1601）が生涯をかけて記述した惑星運行の観測記録が、ある仮説（ケプラーの3法則）を仮定すれば当然の帰結となることを発見した。このケプラーの3法則の発見が、最初の「創発」となった。この場合、Sがブラーエの観測記録とコペルニクスの地動説であり、Pがケプラーの3法則という仮説である。

さらにアイザック・ニュートン（1643〜1727）は、このケプラーの3法則という驚くべき事実が万有引力の法則を仮定すれば当然の帰結となることを発見した。このニュートンの「創発」のすさまじさは、惑星のみならず遠い天体を含む宇宙全体が同じ法則に従って動いていると言い切った点にある。

科学が演繹と帰納だけで成立するとすれば、万有引力の法則が宇宙全体に及んでいると証明なしに宣言するのは、まったくの非科学である。ニュートンの場合、Sが惑星の運動に関するケプラーの3法則であり、Pが万有引力の法則という仮説であるのだけれども、どうやって仮説Pを見つけたかは本人すらわからない。「ひらめいた」とか「天啓を得た」としか言えない。創発的思考とは、まさに「降りてくる」のである。

インドの数学者シュリニヴァーサ・ラマヌジャン（1887〜1920）は、ケンブリッジ大学における彼の庇護者ゴッドフレイ・ハーディ（1877〜1947）から「どうやってその直感を得るのか」と問われたとき、「女神ナマギーリが、私の眠るときや祈るとき、舌の上にそれを置いていく」と答えた。

このように「創発」で見出されたことは、ニュートンの万有引力の法則を証明することが不可能であるように、証明することができない。ラマヌジャンが創発的に見出した数々の公式や予想は後にハーディらによって証明されているものの、「証明」とは演繹的思考であって、必要な知識を持つ者であれば誰でも（したがってコンピュータでも）可能な行為である。

しかし、どんなにコンピュータがノイマン型のパラダイムで進化しようとも、ニュートンがやってのけたような「創発」をできるようにはならないだろう。なぜならば、この世にないものをあらしめたり、誰も知らないことを発見したりするのは、人間だけがなしうる創造行為だからだ。

だから「創発」は、原理的にプログラミング不能である。「愛憎」や「良心」をプログラミングすることが原理的にできないように。既存のコンピュータは、かくもまだ未完成で、人間の心には遠く及ばない。

「創発」が起きて量子力学が生まれた瞬間の心象風景を、ヴェルナー・ハイゼンベルク（1901〜1976）は次のように表現している（Hermann 1976）。

ヘルゴランドで、ある一瞬に、エネルギーが時間的に一定不変であるということが、インスピレーションのようにひらめいたのである。かなり夜更けのことであった。それから、私は苦労して計算した。すると、合っていた。私は岩山にのぼり、日の出を眺めた。そして幸福であった。

†パラダイムを持続するか破壊するか

では、図3－2に示した2次元のイノベーション・ダイヤグラムを用いてイノベーション生成の過程をたどってみよう（山口 2006）。

すべての技術革新は、あるパラダイムSに基礎を置く既存の技術Aから出発する（S→A）。企業の新製品開発の責任者ならば、Aから出発してどこに進もうとするだろうか。当然、他の技術を取り入れながら開発を行なうことで付加価値を与える方向、つまり上方向のベクトル（A→A'）だろう。

ところが、付加価値の向上をめざして知を具現化していく「演繹」は、樹木が成長しても、やがて寿命が尽きて枯れてしまうように、何度か繰り返すと最後には必ず行き詰まる。たとえば、半導体ＬＳＩの集積度は3年で4倍になるというムーアの法則（Moore 1965）に従って高くなっていくものの、電極間の距離が10ナノメートルを切るようになると、電子は量子力学の波となってそれ以上微細加工してもスピードが速くならない。この行き詰まりは２０２０年にやってくるであろうことがすでにわかっている。

また序章に登場したシリコンのパワー・トランジスタは、耐えられる電圧が限られている。しかも、これを無理やりに高めようとすると電気抵抗が高くなってしまい、電力損失がどんどん大きくなってしまう。

さらに、ガソリン自動車のエンジンはどんなにエネルギー効率を高めようとしても、カルノー・サイクルと呼ばれる理想的なエンジンの効率を超えることができない。

これらの行き詰まりは、物理法則（パラダイム）そのものが与える限界、すなわち「物理限界」といわれる。上述の三つの例の場合、それぞれの物理限界は量子力学、半導体物理学、統計力学（熱力学第2法則）によって与えられる。

このように、あるパラダイムにのっとった「演繹」の繰り返しによって実現し、いずれは行き止まりを迎えるイノベーションA→A'を、ここでは「パラダイム持続型イノベーション」と呼ぶ。それは元来のパラダイムに立脚し、それを持続させたものにほかならないからだ。

パラダイム持続型イノベーションは、競争環境の下で外部の技術を取り入れ、それを統合して新技術を具現化することで実現される。

ところが、この競争力の持続性はさほどではない。なぜなら新技術A'は、誰もが原理的に知りうる「知」の集合体に基づいているので、その連結や統合の仕方に新しい知の創造が含まれていない限りは容易に模倣できるからだ。

特許制度はこの模倣を防ぐために生まれた。特許は人為的にイノベーターを保護し、そのイノベーターが期間を限定して市場を独占することを図り、それによって発明を奨励する。産業振興の上でその意義は大きいものの、人為的である以上、それを戦略的にかいくぐる企業や国家は必ず現れ、それを阻止するコストは決して低くはない。

しかも、最初の「知」が元来持っているパラダイムの限界性ゆえに、どこかで必ず行き詰まる。パラダイム持続型イノベーションは、模倣されるだけでなく、不可避的な限界を有しているのである。

†ブレークスルーをもたらすイノベーション

しかし上方に伸びていた樹木の命が尽きても、土壌が豊かであれば、繁茂する根が土壌を耕し、新しい芽を土壌の上に生み出すだろう。同様に既存の技術Aから改善技術A'に上がろうとして行き詰まってしまったら、いったん「帰納」をして、Aを成立させている「知」であるS地点に下りる（A'↓S）。

そして「創発」を行ない、思いもよらない方向に向かって「知の創造」を走らせる。「夜の科学」を突き進んだ結果、誰も気づかなかった新しいパラダイムPが見出される（S↑P）。

その新しいパラダイムから出発して、「知の具現化」すなわち「演繹」の芽を伸ばすと、まったく新しい価値、新技術A*に到達することができる（P→A*）。

このように「帰納」→「創発」→「演繹」という、土壌を介してブレークスルーをもたらすイノベーション（A'→S→P→A*）を「パラダイム破壊型イノベーション」と呼ぼう。

20世紀最大のパラダイム破壊型イノベーションは、なんといってもトランジスタだった。トランジスタは古典電磁気学で動く真空管に対して、量子力学というパラダイムで動く電子デバイスで、その後のコンピュータをはじめとするエレクトロニクス技術の急速な発展を促した。

ブレークスルーはパラダイム破壊型イノベーションによって初めて達成される。すなわち創発に向かう最初の行動は、今いる場所から科学という土壌に向かって飛び下りる、ということになる。

上述の三つのパラダイム持続型イノベーションについて、パラダイム破壊の方法を言えば、一つ目の半導体LSIにおけるムーアの法則の限界を突破するためには、いったんそれを成立させている「パラダイム」すなわち量子力学に下り立つ。そしてまったく異なるパラダイムの半導体デバイス（たとえばMRAMなど）の可能性を考察するのである。これは現在、世界中でその模索が始まっていて、More than Moore 技術と呼ばれている。

二つ目のパワー・トランジスタの物理限界を突破するには、半導体物理学に下り立ち、シリコンの物理限界を超える物質を探索するのである。それが窒化ガリウムであった。

三つ目のガソリン・エンジンについていえば、その物理限界を突破するパラダイム破壊型イノベーションこそが、序章で紹介したシャトル電池であった。

†守・破・離のプロセス

ここまで考えてくると、パラダイム破壊型イノベーションのプロセスは、実はあらゆる創造行為に応用できる可能性を宿していることがわかる。たとえば、武道や芸道における「守・破・離」の思想である。

「守」とは、師匠の教えに従ってその道を「演繹」的に学ぶこと（A→A'）。「破」とは、師匠の教えに対するアンチテーゼを「帰納」によって自ら導き（A'→S）、「創発」によって師匠の教えを破ってみること（S→P）。さらに「離」とは、師匠から自由になって独自の「演繹」をすること（P→A*）と類比することができる。

たとえば能においては、世阿弥（1363〜1443）は守・破・離のプロセスを「似する」・「似せぬ」・「似得る」と表現したと、教育哲学者の西平直《にしひらただし》は論ずる（西平 2009）。彼が私との対談で話してくれた内容（京都クオリア研究所 2015）はとてもわかりやすいので、これを以下要約しておこう。

世阿弥は、能を極めるダイナミズムを「似する」→「似せぬ」→「似得る」という言葉で表現した。最初の「似する」とは師の教えを真似る段階である。初学者は真似ることを意識化せよということだ。次は「似せぬ」の段階である。似せるのではなく「意図的な作為の放棄」を行なう。すると、最後の段階である「似得る」ということが突然起きる。すなわちある時「言葉のない地平」に新鮮な言葉が生まれ出てくるという。

ここにおいて、イノベーション・ダイヤグラムは、ある重要な仮説を含んでいることに注意しておこう。それは、「知の創造」行為としての「創発」は必ず「帰納」が最初になければ起こらない、ということである。「帰納」のプロセスでいったん物事の本質に下りなければ「創発」は起きず、パラダイムを破壊するような新しい知は創造されない。「創発」は、かくて土壌の中でしか起きない。

すると、「似せぬ」に対応する「破」のプロセスが、じつは「帰納」と「創発」の二つのプロセスから成っているということになる。「破」すなわち「似せぬ」を追求するためには、「テーゼをきちんと学んだあと次にアンチテーゼを発して原点に戻れ」ということだ。

すべての道を究めるためには、「守」すなわち「似する」から出発するほかはない。しかしそれだけでは本質を究めることができず、アンチテーゼを提示して原点に戻ったのちに初めて「似せぬ」すなわち「意図的な作為の放棄」をすることができる、ということである。

2 共鳴と回遊

†共鳴場を形成する

以上のイノベーション・ダイヤグラムの理解に立脚すると、1990年代に日本で起きた「中央研究所の時代の終焉」の内実がわかる。

すなわち、それはパラダイム破壊型イノベーションをなくすことだった。

パラダイム破壊型イノベーションは、土壌の中に潜り込んで、暗中模索で進み、土壌から芽を出すという軌跡を描く。

研究をつぶすということは、じつはこの土壌を除去して創発のプロセスを遮断することを意味する。すると既存の技術から最初の知に戻る（土壌に潜る）ことができなくなり、イノベーションは既存の技術を改善するだけのパラダイム持続型のほうにしか進めなくなる。企業にいた科学者がリストラされることで、企業では「知の創造」の仕方を知る人間がいなくなった。さらには「創発」という方法を理解できなくなり、企業はパラダイム破壊型イノベーションの手がかりを失って、エレクトロニクス産業も医薬品産業もブレークスルーの力をすっかり損なってしまった。

これは、企業の経営者たちも国の官僚も、「創発」による知の創造こそがパラダイム破壊型イノベーションの契機たりうることに気が付かず、「演繹」による直接的で短絡的な価値の創造をめざしたためである。

ところが米国は、じつはその先にあるイノベーション・モデルを戦略的にめざしていた。それこそ、私の唱えるパラダイム破壊型イノベーションの成就をいかに維持するか、ということである。

では、パラダイム破壊型イノベーションはどうすれば成就するのだろうか。

その重要な鍵は、じつは「共鳴場」の有無にある。

共鳴場とは「創発」（知の創造）を人生のゴールとする人間と、「演繹」（知の具現化）を人生のゴールとする人間が、お互いの人生の目標や実存的欲求の違いを認め合ったうえで、それでも相手の人生に共鳴して一緒に仕事をするリアルな「場」のことをいう。一人ひとりの思いは異なることを認めたうえで、他者の思いに共鳴し、顔を突き合わせて苦楽を共有することにより「暗黙知」を伝達しうる場である。

大企業においては、「知の創造」に特化した研究部門と、「知の具現化」に特化した開発部門とが、それぞれ個別に組織化されていた。それでも当初は、一緒に食事をしたり余暇を過ごしたりして、自発的、自律的な共鳴場が形成されていた。

しかし、企業の各部門の目標が明確化され「効率化」されると、部門間のやりとりは弱まり、それぞれがタコツボ化したあげく、共鳴場は崩壊した。

米国版SBIR制度は、まるでそのことを深く理解していたかのように、若き研究者たちに「『知の創造』と『知の具現化』の結節点に共鳴場を創れ。それこそが、これからの社会のあるべき姿だ」と力強く宣言した。すなわち、第二章で紹介したように、「知の創造」をする無名の科学者を、「知の具現化」をする起業家に転じさせる〝スター誕生〟システムの導入である。

SBIR制度は、科学者がマインドセットを切り替えてベンチャー企業経営に参画し、価値創造に貢献する社会システムを結果的に創り上げたのである。

†戦前の理研における先駆性

それと同時に米国政府は、将来のパラダイム破壊型イノベーションを構想し、社会システムに落とし込むことのできる人材を研究者たちから募った。

それが「イノベーション・ソムリエ」たる科学行政官である。

パラダイム破壊型イノベーションの成就には、「創発」のプロセスが必須だから、そこに科学者の貢献が存在する。米国版SBIR制度がなぜ成功したのかといえば、この制度を通じて、科学者が研究者になるのみならず、起業家になるとともに科学行政官（プログラム・ディレクターやプログラム・マネージャー）になることを促し、結果的にイノベーション・ダイヤグラムを社会システム化したからである。

私が2002年に米国国立衛生研究所（NIH）を訪れ、そこに集う若きポスドクたちに「将来何になりたいか」と問うたところ、ほとんど全員が「研究者ではなく、プログラム・ディレクターになりたい」と答えた。

その理由を尋ねると、「研究者になると狭い範囲の研究しかできないが、プログラム・ディレクターは分野横断的に技術を発掘したり、研究者をコラボさせたり、エキサイティングなプロデュースができるから」という答えが返ってきた。

それはまさにタコツボ化した小さな世界よりも、イノベーション・ダイヤグラムを自ら構想し、描いていくことを決断し始めた科学者たちの姿にほかならなかった。

時代をさかのぼれば、戦前日本の理化学研究所（理研）のあり方を想起してもいいだろう。1917年に設立された理研は、「中央研究所モデル」という20世紀型イノベーション・モデルの世界的先駆けとなり、仁科芳雄、朝永振一郎、湯川秀樹ら優れた科学者を多数輩出し、数々の科学的業績を打ち立てた。

理研は純粋科学を追求する研究部門と、そこから生まれた「知」を新製品につなぐ開発部門の2部門に分かれ、前者では研究者に自由に研究テーマを選ばせた。異なる分野の研究者が自由に意見交換し、異分野間の交流が活発に行なわれた。また大学と連携することで若手研究者の出会いの場としても機能した。

理研には朝永が「科学者の自由な楽園」と呼んだ自由な研究風土があり、「知の創造」に必要な共鳴場が形づくられていた。

そして、理研の黄金期を築いた3代目所長の大河内正敏は、基礎科学を奨励しながらも、その成果を産業に結びつける開発を怠らなかった。

理研で創造された知は、タラの肝油から分離抽出したビタミンAの製剤「理研ビタミン」をはじめ、アドソール（吸着剤）、金属マグネシウム、合成酒、アルマイトなどの発明が工業化され、今でいうベンチャー企業に当たる生産会社が多数設立された。

†知を越境する「回遊」

戦前の理研のあり方は、パラダイム破壊型イノベーションを生み出すには「創発」によって「知の創造」に加え、学問分野間のバリアを「回遊」によってやすやすとまたぐ「知の越境」というプロセスがきわめて重要であることを示唆している。

「知の越境」とは、序章と第一章で少しだけ触れたように「分野横断的に問題の本質を発見し、これを解決する」知的営みのことをいう。

知的世界ではさまざまなところに「ボーダー」がある。最も典型的には文系と理系のボーダー。これは会社や社会ではそのまま事務系と技術系のボーダーへと名前を変える。さらには分野の障壁。理系の中でも理学系と工学系では世界観も言葉も異なる。この「ボーダーを越える」ということは、世界の中で国境を越えるような困難を人々にもたらす。しかし、国境を越えた向こうにはまったく新しい世界観や評価軸が存在して、人々は再び自由を獲得する。

社会学者アンソニー・リッチモンドは、このように国境をやすやすと越えることのできる人間を Transilient Man と呼び (Richmond 1969)、この Transilience を文化人類学者の河口充勇は「回遊」と訳した（河口 2004）。そこでリッチモンドと河口に敬意を表して、分野の障壁を越えることをも「回遊」（Transilience）と表現しておこう。

たとえば米国の生物学者ジェームズ・ワトソン（1928〜）とイギリスの物理学者フランシス・クリック（1916〜2004）が、生物学から物理学の世界に越境することによって1953年にDNAの二重らせん構造を発見し、遺伝の分子システムを見出したように、劇的なパラダイム破壊はときに学問分野を越境する知によって創造される。

あるいは哲学者が積み上げてきたものから、科学者がまったく新しい示唆や着想を得ることもある。このように物理学から生物学、さらには哲学へと「知の越境」を実際にやり遂げる知的営みを、「回遊」と呼ぶこととする。

人間にとってこの推論の方法は「まったく異なる評価空間に飛ぶ」ということを意味する。同じ事象を表す概念であっても、物理学や化学や生物学、経済学など、学問分野ごとに評価軸も使用する用語も異なる。ましてそれを構成する専門家集団自体が異なるので、自然現象と社会現象を把握し、それを客観的に表現する方法論すら異なる。

†異なる評価軸の世界にジャンプする

「回遊」という営みを、イノベーション・ダイヤグラムの中に表現すると、ダイヤグラム

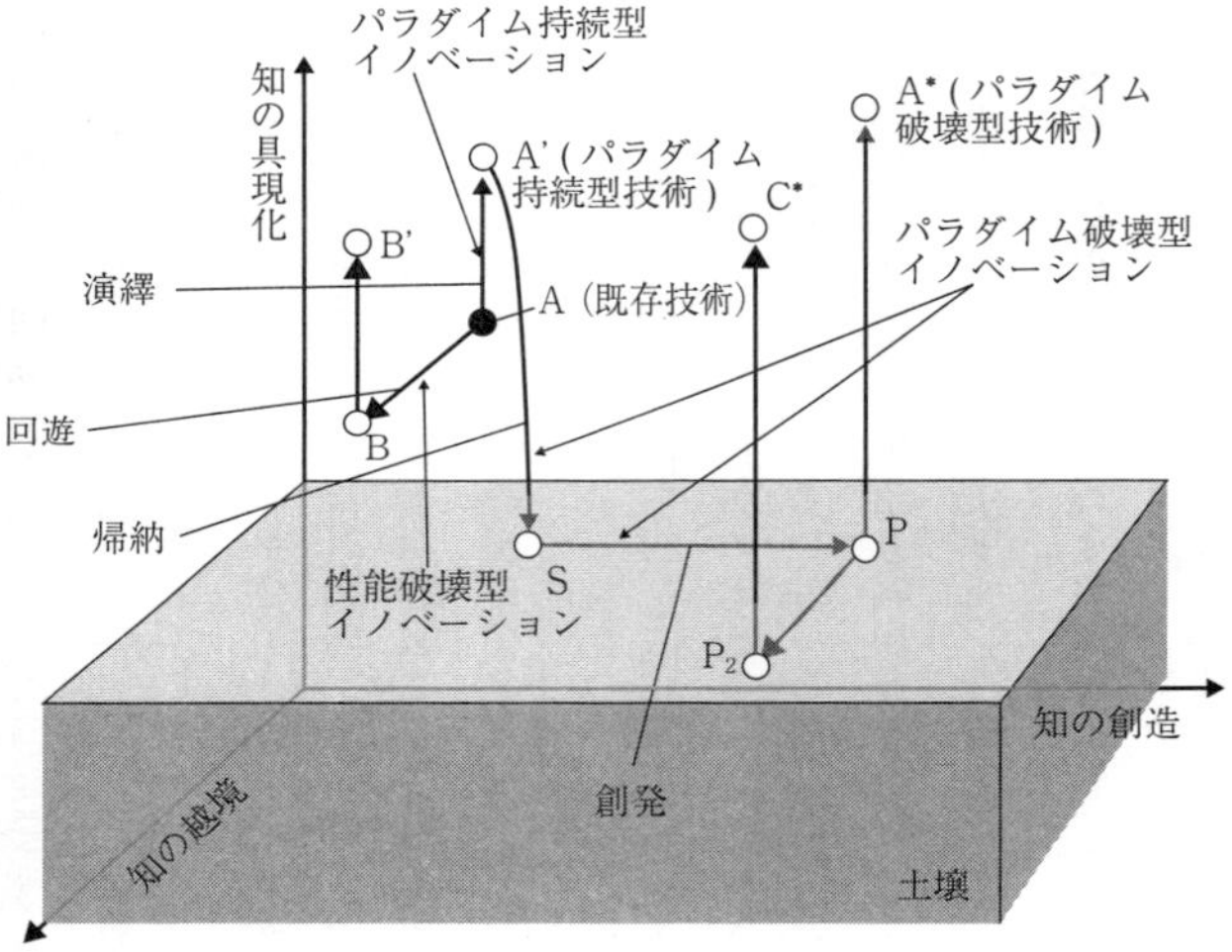

図3－3　3次元に拡張されたイノベーション・ダイヤグラム。
出典＝山口（2014）図6－6

はさらに広がりを持つことになる。「知の創造」と「知の具現化」から張られる2次元のダイヤグラムを拡張し、図3－3に示すように、第3次元として「知の越境」という次元を加えるのである。

ほとんどの場合、「知の具現化」という知的営みは、既存の「知」を統合して価値付けるプロセスとして「演繹」を選び取る。これは図のA↓A'という上方向のベクトルだった。それに対して「回遊」は、A↓Bのように「知の越境」方向のベクトルが加わる。これは異なる分野をまたいで異なる評価軸を探していくプロセスを表している。

たとえば、マイクロプロセッサの開発史で、高速・高機能化を追求することが業界の主流だった時代、1990年にたった12人で創業したイギリス・ケンブリッジのベンチャー企業ARMは、主流から外れてまったく見当違いの方向にも見える低消費電力性を追求して、91年にARM6というチップをリリース。一方、日立は高速で高機能の性能を追求して92年にSH1というチップをリリースした。

結局のところ、性能を落として消費電力を下げたARMアーキテクチャ（基本設計）は、やがて訪れる携帯電話の時代を制することになる。これこそ主流分野とは異なる評価軸の世界にジャンプして、新たなイノベーションにつなげたケースといえる。これを「性能破壊型イノベーション」と呼ぶことにする。

付加価値を加えて技術を改善していく「演繹」が支配的である場合、いったん上った山を敢えて下り、分野をまたいで異なる評価軸の世界にジャンプすることは、優秀な正統企業にはどうしてもできない。ARMは、高速・高性能路線を選ぶほどの余力がなかったために、低消費電力路線という異なる評価軸に進むほかなかったのである。

科学が細分化された現在では、学問分野間の壁こそが回遊を阻むバリアとなっている。イノベーションを成し遂げなければ生き残れない時代、20年かけて「創発」の機能を損なってしまった日本企業が「知の創造」を取り戻すには、学問分野間のバリアをまたいで

「知の越境」をすることが重要になる。とりわけ社会科学と自然科学とを縦横無尽に回遊できる人間の育成こそが鍵となる。

†回遊から生まれたiPS細胞

科学の本質である「創発」と、知を越境する「回遊」。この二つの力を築き上げて、これまで誰も考えなかった方向をさし示すことこそが、21世紀の科学とイノベーションのモデルになるだろう。

そのモデルの好例が2006年、日本に現れた。山中伸弥（1962〜）によるiPS細胞（人工多能性幹細胞）の発見である。そのプロセスが、図3-4に示すように「創発」と「回遊」の両方にまたがっていることを見てみたい（山口2014）。

異分野の越境によってワトソン・クリックの二重らせんからなるDNAの分子構造が発見されたことは先に見た。1958年、クリックは「DNAは4種類の塩基（有機物分子）の1次元配列からできており、その配列情報が転写されて生命情報は次世代に伝達し、遺伝がなされる」という仮説を発表した。この「創発」はセントラル・ドグマと呼ばれ、生物学にパラダイム破壊をもたらす。

遺伝子の塩基配列を読む遺伝子工学が発展すると、まったく新しい創薬技術やバイオイ

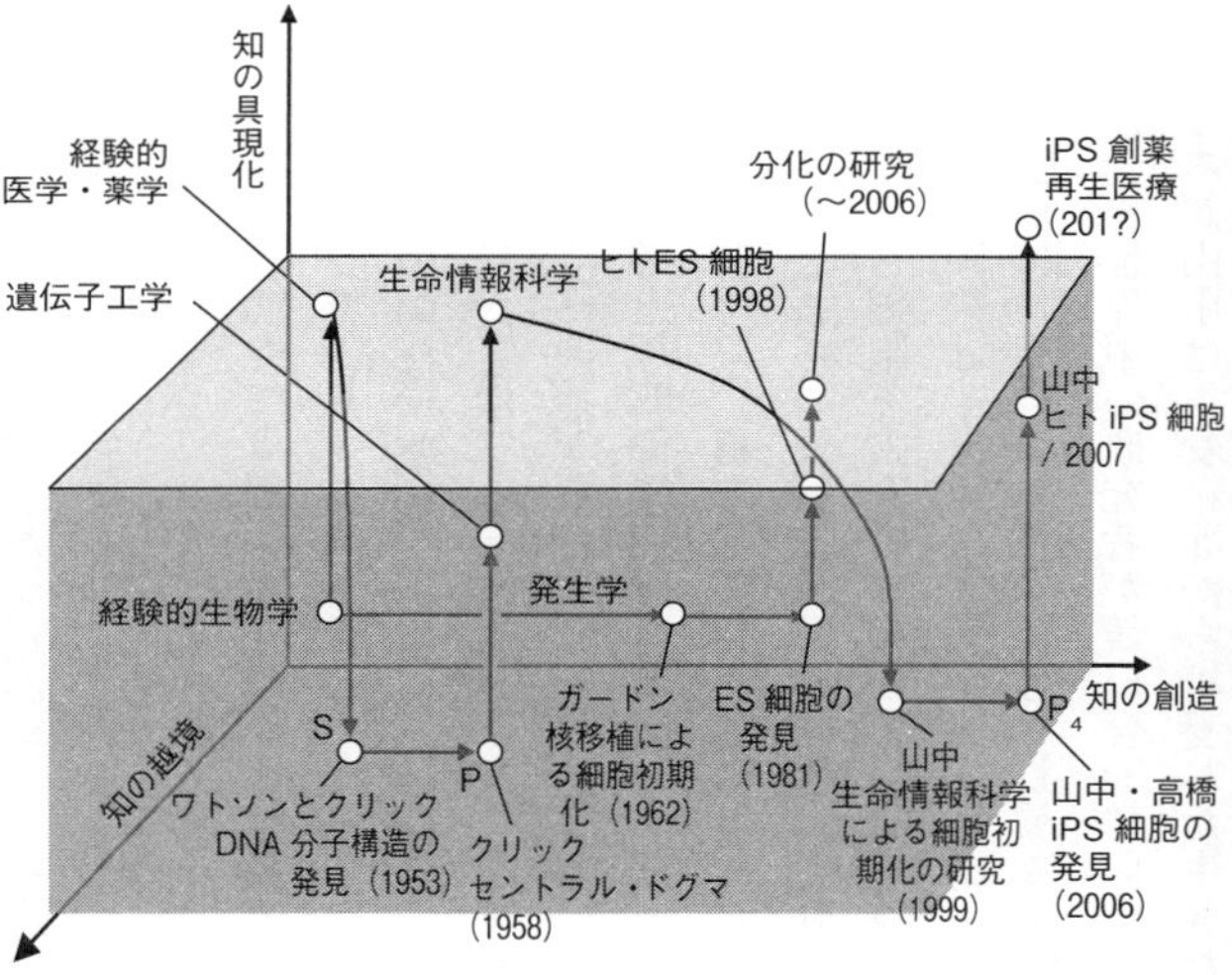

図3－4　ワトソンとクリックによるDNA分子構造の発見から山中によるiPS細胞の発見にいたるイノベーション・ダイヤグラム。
出典＝山口（2014）図6－7

ンフォマティクス（生命情報科学）という技術が「演繹」的に生まれて、遺伝子の塩基配列が、ついに情報として取り扱われるようになった。

それまでの生物学は、経験の積み重ねによる博物学的な知識の統合に留まっていた。ここから、やはり経験知の統合からなる伝統的医学や薬学が「演繹」的に生まれてきた。

こうした伝統的生物学は独自の進化を遂げて、生物の発生の謎を探求する発生学を確立させる。細胞の初期化や、体のどんな組織にも分化可能なES細胞（胚性幹細胞）といった「創発」的な発見の後、発生学の主流は結局のところ、分化の研究という「演繹」的な方向に進むことになった。

さて山中は、スポーツ整形外科医を夢見て87年から整形外科研修医として勤務するものの、2年で挫折して基礎医学を学ぶため薬理学研究科に入学する。しかし、伝統的な薬学にも強いフラストレーションを抱いて、ここでも挫折する。

とはいえ山中は、薬理学の研究の最中にノックアウト・マウス（遺伝子の機能を推定するために、特定の遺伝子を不活性化させたマウス）に出会って衝撃を覚え、ここに新しいブレークスルーへの道があることを直感する。

そこで、博士号取得後93年に米国のグラッドストーン研究所に留学して、ゼロから分子生物学を勉強する。ほどなく自ら見つけたNATIというガン遺伝子をつぶしたES細胞を培養したところ、多様な種類の細胞に分化する能力が失われることを発見。道具にすぎなかったES細胞そのものに初めて興味を持った。

96年に帰国後は、大阪市立大学医学部助手になってES細胞の研究をゼロから始める。当時、ES細胞研究の主流は前述のように分化の研究で「ES細胞からどんな細胞をつくったか」を世界中の研究者が競い合っていた。

ところが山中は「受精卵から培養した生きた胚からではなく、遺伝子データベースから

ES細胞と同じような細胞を作る」という、まだ誰もやっていない研究に着手する。できるかどうかわからない。けれど、もしできれば、受精卵を使うという倫理問題と免疫拒絶問題の両方をクリアできる。できなければ、科学者をあっさりあきらめて町医者をやる。99年に奈良先端科学技術大学院大学に助教授として就任したときの覚悟だった。

こうして高橋和利（1977〜）のアイデアを得ながら、2006年に遺伝子データベースの中から4つの遺伝子を選び、ウィルスを使って取り出した細胞に入れ込むと、どのような組織にも分化可能な細胞、すなわちiPS細胞になることを発見した。京都大学に教授として移ってほどなくのことだった。

2012年にイギリスの生物学者ジョン・ガードン（1933〜）とともにノーベル生理学・医学賞を受賞した山中のこの業績は、イノベーション・ダイヤグラム上では大変重要なジャンプを呈していることがわかる。発生学が持つパラダイムを破壊したこの達成は、生命情報科学という異なる学問領域から土壌の中に下り立ち、しかも旧来の発生学とはまったく異なる新しい学問領域を築いた。

山中は挫折を繰り返しながら、孤独の中で「臨床整形外科→薬理学→分子生物学→ガンの研究→ES細胞の研究」と、さまざまな分野を遍歴した。iPS細胞の発見は、「回遊」をした果ての「創発」である。

とはいえそれでも、一つの研究分野に腰を落ち着けずに次々に専門領域を変える自分の将来に底知れぬ不安を覚え、たまたま聴講した利根川進（1939〜）の講演会で、その不安を告げた。すると、利根川はこう答えたという。

「研究の継続性が大事だなんて、誰がそんなんいうたんや。面白かったら自由にやったらええやんか」。

この言葉に、「回遊」による「知の越境」の本質が宿っていると私は思う。

3　パラダイム持続型イノベーションからの脱却へ

†イノベーションの四つのタイプ

これまで述べたイノベーションの源泉（ソース）に関する議論をまとめておこう。

イノベーションのプロセスは、タイプ0〜3の四つのタイプに分類できる。

「タイプ0」は、パラダイム持続型イノベーションであって、図3－2もしくは図3－5におけるA→A'のプロセスで与えられる。演繹的思考のみで成立するプロセスで、パラダ

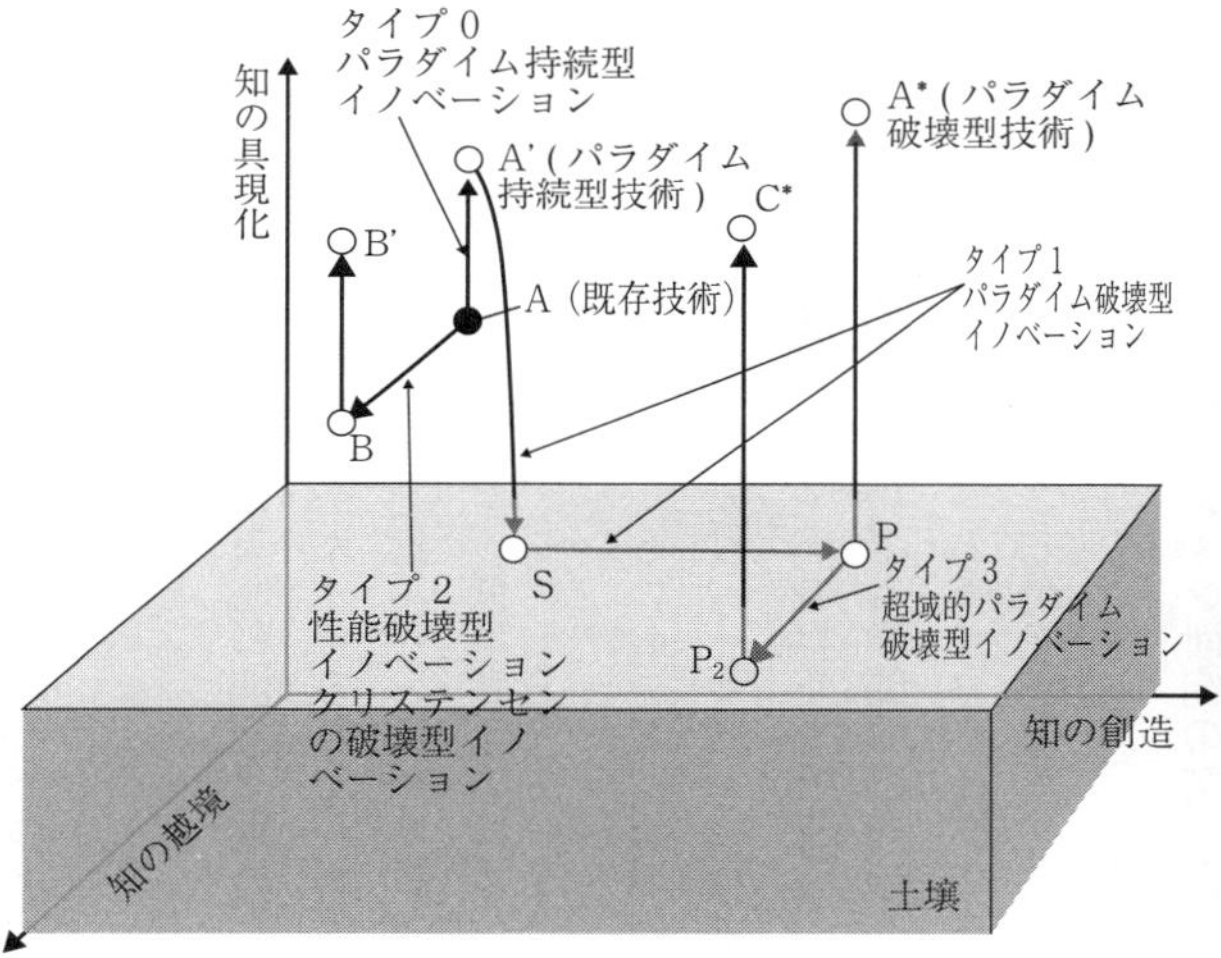

図3-5　3次元に拡張されたイノベーション・ダイヤグラムにおいて、イノベーション・タイプ0〜3の意味づけを示す。
出典＝山口（2014）図6-6

イムを変えないまま既存技術を改善したり他の知識を組み込み統合したりして成就したイノベーションである。携帯電話へのカメラ機能の付与などは、このタイプだ。タイプ0は、既存の知を統合すれば達成できるので、ロードマップ（工程表）を描くことが可能である。

「タイプ1」は、パラダイム破壊型イノベーションである。既存技術Aの行く末を俯瞰して、その延長A'にめざすべきゴールA*があるのか、それとも行き詰まってしまうのかを判断し、行き詰まることを見抜いた場合には、「土壌」の中に潜り込み、図3-5におけるA'→S→P→A*というプロセスを選ぶことをいう。トランジスタの発明や青色ＬＥＤの発明は、このタイプに属する（山口 2006）。

「タイプ２」は、性能破壊型イノベーションである。「知の具現化」のプロセスにおいて既存の評価軸に基づいた方向に開発を進めるのではなく、何を評価軸にすべきかをあらためて問いかけ、未来社会が求める新しい評価軸Ａ→Ｂを発見して、図３－５におけるＡ→Ｂ→Ｂ'というプロセスを選ぶことをいう。マイクロプロセッサ開発において高速・高性能化という評価軸ではなく、低消費電力性という評価軸に軸足を置いたＡＲＭ社の開発はこのタイプである。

「タイプ３」は、図３－５において、土壌の中で学問分野を越境して回遊を行なうことである（$P \to P_2$）。学問分野の一つひとつは不可避的に固有の評価軸を持ち、しかもその各々に関わる集団は固有の言語と文化をも持っているので、回遊を阻むバリアとなる。

そのような状況においても学問分野間のバリアをまたいで回遊することにより、$P \to P_2 \to C^*$のプロセスで獲得されるイノベーションである。これは「超域的パラダイム破壊型イノベーション」と呼ぶことができよう。山中伸弥のｉＰＳ細胞の発見と、それに基づくまったく新しい再生医療のイノベーションは、まさにこのタイプ３の典型的な例となる。

ところで、イノベーション研究の第一人者クレイトン・クリステンセンが「破壊的イノベーション」と呼んだイノベーションは、タイプ2に属する（山口 2014）。

クリステンセンは、ハードディスク・ドライブの歴史を定量的に調べ上げ、面積当たりの記録密度の増加すなわち「性能を引き上げる」イノベーションを「持続的イノベーション」と呼んだ。

一方、14インチ→8インチ→5・25インチ→3・5インチという小型化によって敢えて記憶容量を下げ、結果的に大企業を失敗に導いたベンチャー企業の営為を、「性能を引き下げる」イノベーションという意味で「破壊的イノベーション」と呼んだ（Christensen 1997）。大企業が経営判断により、不可避的にバリュー・ネットワークにとらわれて敗退するという慧眼である。

のちに私は、トランジスタを破壊的イノベーションと分類する彼の議論が誤りであることを論証したうえで、クリステンセンの破壊的イノベーションは「性能破壊型イノベーション」と呼ぶべきであると述べた（山口 2003, Yamaguchi 2006）。というのも、クリステンセンの破壊的イノベーションは、性能に対する評価軸を変え、未来社会が求める新しい評価軸を発見して「ちがう未来」に向かうプロセスを選ぶことにほかならないからである。

†シャープに必要なもの——共鳴場の再構築

第一章で詳述したシャープのケースを、本章で述べたイノベーション理論に基づいて考察してみよう。

シャープの危機は、液晶事業という山に登ったものの、「山登りのワナ」が組織に生まれてしまって下りられなくなったことに由来する。ここでは、「既知派」の技術者が生産に向かって邁進するあまり、製造重視のプロダクト・アウト型に対する規律付けが働かなくなる一方、「未知派」の科学者・技術者は、「ちがう未来」に向かうべき製品のビジョンを描くことも要素技術を研究することも許されない空気が醸成された。

この「既知派」を「パラダイム持続型技術」への志向性と読み替え、そして「未知派」を「パラダイム破壊型技術」への志向性と読み替えれば、本章で述べたイノベーション理論がシャープの危機をうまく説明できることがわかる。

「登ると下りられない」という「山登りのワナ」は、当時日本中に蔓延していた「中央研究所の時代の終焉」なる空気が相当程度影響していると考えることができよう。

研究開発本部の科学者・技術者のみならず、事務系の幹部社員ですら下りることを進言しても取り上げられなかったということは、「土壌の中」でしか行なわれない「知の創造」やさらには「創発的思考」がもはや許されない空気が組織を支配していたからにちがいない。

鴻海の傘下でシャープが「スパイラル戦略」を取り戻して再生できるかどうか。第一章では「若手がこの好機をものにして、リーダーシップを取っていけるようになるかどうかにかかっている」と結論した。

しかし本章の考察によって、もう一つ条件が加わる。それは、創造的な若手がその創造性を発揮するために、壊れてしまった共鳴場を再び構築できるかどうか、である。そのためには研究開発本部が命運を握っていると言ってよい。

「スパイラル戦略」と「オンリーワン戦略」の両立という原点に下り立ち、腐れつつある「土壌」を可及的速やかに耕しなおすことが望まれる。そのためには、新生シャープは世阿弥の「似せぬ」を学ばねばならない。

さらにもう一つ。鴻海によっていきなりグローバルな文化を手に入れたのだから、その好機を積極的にものにすることだ。1997年のアジア通貨危機という試練を経てグローバル・マーケティングの能力を鍛え、名実ともに世界企業となったサムスンのように、この危機を乗り越えたとき、シャープは真のグローバル企業となる力を獲得するだろう。

†イノベーション・ソムリエが必要

じつは、シャープが陥った「山登りのワナ」の仮説は、クリステンセンの破壊的イノベーション、すなわちタイプ2の性能破壊型イノベーションにも適用される。前述したタイプ2の典型例である日立とARMとの戦いを例にとってみよう。

これは、日立の高速・高機能のチップとARMの低速・低機能だが敢えて低消費電力にしたチップとの戦いであった。後者の設計思想は、コンピュータ・サイエンスから考えるとまったくの邪道であったものの「未来においては、コンピュータは掌の上に乗るものになる」という彼らの強いビジョンがあったからこその「邪道」であった。

結局その後、携帯電話の時代がやってきて「ちがう未来」が到来し、ARMチップは、携帯電話のマイクロプロセッサの標準となる。

かくて日立は、高速・高機能という当時の主流市場の評価軸に向かって上ったものの、消費電力の低さが新しい評価軸となる「ちがう未来」に下りられなくなってしまった。日立も4年遅れで低消費電力型のチップSH3を開発し、1995年にリリースしたものの、まったく遅すぎた。さらには「自前主義」が仇になり、誰にでもマイクロプロセッサの回路図をライセンスするというARMのオープン・イノベーション戦略に完全に敗退することとなった。

大多数の大企業のイノベーションは、ほとんどタイプ0のパラダイム持続型イノベーション戦略をとっているといって過言ではない。土壌を必要としないから経営者は判断しやすくコントロールしやすい。しかし、タイプ0は2つの大きな陥穽を内包していることを忘れてはならない。

一つは、タイプ1のパラダイム破壊型イノベーションが世に現れたとき。もう一つは、タイプ2の性能破壊型イノベーション（クリステンセンの破壊的イノベーション）が世に現れたときである。どちらが出現しても、出現した後に対処したのでは、タイプ0の山から決して下りられず、市場から退出せざるを得ないことを歴史は物語っている。

では企業はどうすれば良いのか。前者に対応するためには、土壌の中を常にウォッチして、世界のどこでパラダイム破壊が起きているのかを探索する「技術インテリジェンス」を実行するチームを常備しておくことだ。すなわち目利きの「イノベーション・ソムリエ」チームである。それなしに企業活動ができる時代は、もはや終わった。

後者に対応するためには、未来社会のビジョンをいつも構想するチームを配置しておくことである。前述の「イノベーション・ソムリエ」チームがそれをも視野に入れて担当する。したがって、自然科学のみならず社会科学・人文科学を縦横無尽に回遊できる人材の育成が、この沈みゆく日本には真っ先に必要なのである。これについては第五章であらためて考えよう。

第四章

科学と社会を共鳴させる

1　トランス・サイエンスとは何か

†科学だけでは解決できない「トランス・サイエンス」問題

前章では、イノベーションの本質を明らかにするために、科学すなわち「知の創造」がいかなるプロセスを経て経済的・社会的な「価値の創造」にまで昇華されるのかを、イノベーション・ダイヤグラムを用いて考察した。

イノベーションは、科学と社会との関係の中で生み出される一つの創造行為である。これを科学と社会との第一の関係性とするならば、科学と社会との第二の関係性が存在することを、私たちは忘れてはならない。すなわち、科学が引き起こしながらも社会が参加しなくては解決できない「トランス・サイエンス」の問題である。その多くは、科学が社会を損なうような問題だ。

トランス・サイエンスとは、米国の物理学者アルヴィン・ワインバーグ（1915～2006）が1972年に提唱した概念で、「科学に問いかけることはできるものの、科学には答えることのできない問題」と定義される(Weinberg 1972)。サイエンスを「超えた」問題という意味で、「トランス」が冠されており、「超域科学」と訳すこともできる。

すでに前章で述べたように、科学は価値中立的で、そこで発見された真理は新しい知の創造である。よって科学それ自体は、経済的・社会的な価値をもたらさない。社会は科学によって創造された知を用いて、さまざまな技術を生んで価値を創造するとともに、創造された価値に対応して意思決定を行ない、政治や政策に生かしてきた。しかし今や科学と政治(社会の意思決定)との両者にわかちがたくまたがっている領域が存在し始め、その領域こそがトランス・サイエンスである。

たとえば2011年3月11日、東日本大震災の際の津波によって東電が福島第一原発でレベル7の過酷事故を起こした。原発業界に連なる産・官・学・メディアの関係者からなる「原子力村」の閉鎖性が取りざたされ、これを契機に科学と社会の関係性を再考すべきだとする議論が日本中に沸き起こった。

それまで日本では、トランス・サイエンスに関わる議論の「場」がなかったので、科学者と市民とが腹を割って話すことがなかった。科学は社会と関わらないから、これまで科学者という専門家に任せておけばよかった、というわけである。

しかし、これから科学は社会のために存在すべきであり、生命科学なら科学者は「発見」を目的にするだけではなく「人間の健康」を目的にすべきだ。まして原発事故のように科学が社会を著しく損なうようであれば、今後は現代社会の意思決定原則である民主主義によって問題を解決していく必要があるのではないか、といった議論が交わされた。

これこそ、まさに「科学が引き起こしたがゆえに科学に問いかけることはできるものの、科学だけでは回答が得られずに解決もできない問題」である。つまりトランス・サイエンスとは、多数決原理が意味を持ちえない科学と、多数決原理によって前進していく民主社会とが同居する自己矛盾をはらんだ概念にほかならない。

この科学と社会の第二の関係性は、第一の関係性であるイノベーションの欠落によって同時に損なわれる。すなわち企業組織が持つイノベーション能力の衰退による影響は、単に収益の低迷や競争力の低下にとどまらず、企業の危機管理の能力を根底から損ない、ときに社会に致命的な打撃を与える。

このことを実証的に論ずるために、本章では近年起こった二つの巨大事故について検証しながら、科学と社会の新しい関係性について考察する。その考察をする前にまず、トランス・サイエンスをめぐる歴史的な議論を俯瞰しておこう。

†トランス・サイエンス共和国

ワインバーグが指摘するように、「科学に問いかけることはできるものの、科学には答えられない問題」は、三つに類別される。

第一に「低レベル放射線の生物への影響」や「起こる確率が極端に低い事象」さらに「工学」など科学が現実に解答を出せないような問題。たとえば原子炉で複数台の非常用装置が同時に働かない確率は現実的には求めようがなく、工学のように新しい技術を社会に実装するに際しては不完全で断片的な科学知を総合して決断しなければならない。

第二に、「人間と社会の行動」のように、合理的でないがゆえに予測不可能な問題。よって社会科学とはトランス・サイエンスである。

第三に、「科学の価値」を評価しなければならない場合。たとえば「純粋科学と応用科学のどちらを優先するか」というとき、科学の「真理」ではなく「価値」に取り組まねばならないため、科学を超えて判断する必要がある。

その内実をワインバーグは、科学哲学者マイケル・ポラニー（1891〜1976）が呼ぶところの「サイエンス共和国」（Polanyi 1962）にならって、「トランス・サイエンス共和国」という言い方で説明する。

科学が生み出した知の有効性は、科学の内側において仲間うちの批判と評価によって確立し維持される。一方、市民は科学者が生み出した科学の評価に関与する機会がない。この「サイエンス共和国」の住民は科学者であって、そこでは科学者だけが発言を許される。ところが、「トランス・サイエンス共和国」においては、その構成員は二つからなる。一つはサイエンス共和国の住民、すなわち科学者。もう一つは、その共和国の政治を議論し、国の意思決定をする人々。つまり民主社会においては市民そのものである。

しかし後者は、非民主社会においては市民から隔たったところに偏在する。この後者のあり方が、トランス・サイエンスの問題を考察する上できわめて重要だとして、ワインバーグは次のような例を挙げる。

民主社会たる米国においては、原発事故の可能性について市民参加の議論が何度も行なわれ、結果的に専門家が首をかしげるほどの安全装置・非常用装置が幾重にも設置されることになった。一方、非民主社会たる旧ソ連では市民がこの種の科学的・技術的な議論に参加したり知らされたりする権利を与えられていなかったために、なんと加圧水型原子炉に格納容器が設置されていなかった。

以上の議論を踏まえて、ワインバーグは次のように結論する。

科学者の責任と役割とは、科学がどこで終わり、トランス・サイエンスがどこで始まるかを明確にすることだ。科学者こそが、その境界の位置を知っているのだから、混乱しがちなトランス・サイエンスの議論を収拾するためにも、科学者はそこにあらゆる科学知を注ぎ込まねばならない。さらに科学者は、市民がその議論に参加することを推進しなければならない——。

この骨太で緻密な議論には、しかし問題が一点ある。それは科学とトランス・サイエンスの境界を厳密に定義していないことだ。

その境界がどこにあるかを見極めるのは科学者の責任としているものの、いかにして見分けるかを科学者に委ねているため、科学者としてはこの問題に分け入ることを躊躇する。一方、社会の側はトランス・サイエンスの問題が社会に立ち現れても、科学者の参加を促さない結果をもたらす。

科学技術のシビリアン・コントロール

日本でこのワインバーグの議論にいち早く反応したのは、生物学者の柴谷篤弘《しばたに》（1920〜2011）だった。柴谷は1973年に著した『反科学論』で、ワインバーグの考察を紹介したうえで次のように付け加えた（柴谷 1973）。

日本の状況は、（中略）科学の内部にまで政治が踏み込んでくることがきわめて容易に許容されるので、科学内部での討論が十分行なわれる機会が限られている。したがってまた、科学と超科学（トランス・サイエンス＝筆者注）との境界の定義がまともになされる可能性もきわめて限られており、科学者が、それに対して、公平無私な立場で貢献することのできるような機会はほとんどないといっていい。むしろ、少数の科学者がこのような試みをやろうとしても、残りの科学者が、特定の政治勢力との、大っぴらな、または暗黙の連帯によって、科学的討論をさしひかえ、忌避し、または制圧することが多かったといわねばならぬであろう。

今読むと、柴谷の指摘は東電福島第一原発事故によってあらわになった「原子力村」の桎梏を、40年近く前に正しく予見していたというべきだろう。

ついで科学哲学者の小林傳司が『トランス・サイエンスの時代』（小林 2007）でワインバーグの議論を再評価し、自身の専門である科学コミュニケーション論の立場から現代におけるトランス・サイエンスの重要性を論じた。

小林は、従来の科学コミュニケーションが「欠如モデル」であったと批判する。つまり「市民は科学の知識が欠如しており、専門家との意見の食い違いがその欠如に起因している」という。そのため、これまでの科学コミュニケーションは、無知な市民に科学の知識を与えるものとして考察されていた。

しかし、トランス・サイエンス的状況が増殖している現代にあっては、そのような一方通行のコミュニケーションではなく、「対話モデル」すなわち市民と専門家とが対話を通じて互いに学び合うコミュニケーションが必要だと主張する。そのためには、この「対話モデル」に立って市民と専門家との「コンセンサス会議」を行なうことこそが、きわめて有効な手法になると結論する。

ただし「コンセンサス会議」を遂行するために、小林は三つの条件を付した。

（1）合意形成をゴールとしないこと。専門家の間でも合意形成できないことを一般市民に持ち込んでも混乱を招くだけだからだ。

（2）討議は「理性的」でなければならないこと。

（3）社会科学や人文科学の専門家が関与すべきこと。

そのうえで、小林は「科学技術のシビリアン・コントロールという発想をもう少し検討してもいい」と、次のように主張している。

現代において、シビリアン・コントロールは軍隊の暴走を制御するきわめて重要な原則とされているが、最高指揮官が軍事の専門家ではないために、かえって軍事的判断の質が低下するという弱点もあるといわれる。ここにおいても「専門性」というものが効いてくるのである。したがって、科学技術のシビリアン・コントロールに対しても、同様の批判が生まれることは予想できる。科学技術の専門性のない文系の素人が科学技術を統制するなどということができるのか、とんでもないことが起こるのではないか、という議論である。

それでも、私は科学技術のシビリアン・コントロールは現代社会に必要不可欠だと考える。(中略)

文系には科学技術リテラシーを、理工系には社会リテラシーを身につけることが求められている。その上での双方向性のコミュニケーションであり、シビリアン・コントロールなのである。

日本では高校のかなり早い段階で、文系と理系に区別して教育がなされているために、理系は人間の心理や社会の動向について深く学ぶ機会を逸している。こうして科学者は、科学が社会に対してどんな影響を与えるかを考察する経験を持ちえない。そのため「トランス・サイエンス共和国」の問題が立ち現れても、それを「サイエンス共和国」の問題だと見誤って、ついに暴走するリスクをはらんでいる。だから文系が科学リテラシーを身につけることを条件に、「シビリアン」すなわち一般市民が科学者の行動を「コントロール」する必要があると、小林は述べている。

トランス・サイエンスの問題に直面したとき、ワインバーグが科学者の視点で科学者の行動規範を論じたのに対し、小林は市民の視点で市民が何をなすべきかを論じたのである。

†科学の本質とは何か

「科学技術のシビリアン・コントロール」というアイデアは、東電福島第一原発事故以来、注目すべき思想として多数の有識者に受け入れられてきた。

しかし、私はこの考えに異を唱えたい（山口栄一 2015－2）。この議論は一見「正論」に見えるものの、科学の本質に立ち返ってみれば、科学者を委縮させ、科学の進化を抑圧しかねないからだ。

では「科学の本質」とは何か。

朝永振一郎（1906〜1979）は、『物理学とは何だろうか』（朝永 1979）の中で物理学を定義して、「われわれをとりかこむ自然界に生起するもろもろの現象――ただし主として無生物に関するもの――の奥に存在する法則を、観察事実によりどころを求めつつ追求すること」と表現した。

この定義を拡張すれば、科学とは「自然界に生起するもろもろの現象の奥に存在する法則を、観察事実によりどころを求めつつ追求すること」と定義できる。では「観察事実によりどころを求めつつ法則を追求する」とはどういうことか。第三章で示したイノベーション・ダイヤグラムを使って考えてみよう。

あらためて説明すると、人間の知的営みのプロセスには「知の創造」と「知の具現化」(価値の創造)の2種類が存在する。経済価値や社会価値を生み出すあらゆる改革行為としてのイノベーションは、この2つの連鎖的営みによって生まれる。

「知の創造」とは、「誰も知らないことや誰も見たことがないことを見出す」ことだけではなく「この世にないものをあらしめる」ことをも意味する。「創発」に基づくこの「知の創造」という知的営みを「研究」と表現してもよい。イノベーション・ダイヤグラムで横に引いた境界線の下の領域の「土壌」、そして「夜の科学」に属する。

「知の具現化」とは、こうして創造された新しい知と知、あるいは新しい知と既存技術を接合・統合して、経済的・社会的な「価値」にまで仕立て上げる知的営みである。「演繹」に基づくこの「知の具現化」という知的営みは「開発」とも表現できる。境界線の上の領域に芽吹く「木の芽」、そして「昼の科学」に属する。

知を創造するプロセスは、真の闇の中をマニュアルも教科書も持たずに、ただただ暗黙知を頼りに前に進むしかない。それに対して、土壌の上はさんさんと太陽が注ぎ、市場や社会から見える世界だ。経済・社会活動を行なう市民は土壌の上に住んでいて、「土壌の中」が見えない。

†科学とトランス・サイエンスの境界

このイノベーション・ダイヤグラムの理解の上に立つと、小林の議論は「科学とは何か」について考察していないだけでなく、人間の知的営みとしてまったく異なる科学と技術を「科学技術」と十把一絡げにして議論を進めていることに気づく。そこでの「科学技術」には、「創発」にほかならぬ真の科学、すなわち「夜の科学」がすっぽりと抜け落ちているのである。

もしも科学とトランス・サイエンスの境界をきちんと定義した上で、科学と社会の関係性を再考すれば、市民と科学者との「コンセンサス会議」は、「科学技術のシビリアン・コントロール」という対峙の形とは異なる風景として見えてくるはずである。

そこで次のような仮定を置いてみる。イノベーション・ダイヤグラムにおける「土壌の中＝科学」「土壌の上＝トランス・サイエンス」という仮定である。すなわち科学とトランス・サイエンスの境界は、図３－２と図３－３および図３－５における土壌の表面ということになる。

本来、土壌の中は「知の創造」の世界であって「価値」は存在しない。これは、価値中立的な科学では「真善美」が問われず、生まれた「知」は、あまねく人類共通普遍の資産になるという原理に矛盾しない。一方、土壌の上は、このようにして生まれた「知」を「演繹」的に具現化して創造された「価値」の世界である。

このようにして、科学とトランス・サイエンスの境界を定義づけることによって、さまざまな誤解が解け、無用の混乱を避けることができる。

第一に、「科学技術のシビリアン・コントロール」という発想で危惧される「科学者の委縮とそれによる科学の進化の抑圧」を防ぐことができる。

土壌の中の「夜の科学」の世界は、さまざまな仮説や発見の萌芽が暗黙知のまま言語化されていないので、科学者は自らの感覚と想像力を信じて、真っ暗闇の中を手探りで進んでいかねばならない。

そんな世界が存在することを社会が理解すれば、社会的投資の意義を納得できるようになるだろう。創発こそがパラダイム破壊型イノベーションをもたらすのだから、科学者の好奇心によって牽引されるべき「夜の科学」を、社会が「役に立たないもの」として退けることがなくなる。

第二に、科学者がトランス・サイエンスの問題に公平無私な立場で貢献できるようになる。

柴谷が論じたように、日本では科学とトランス・サイエンスとの境界の定義がまともになされなかったために、政治がたやすく科学の内部に踏み込むことができた。そのために科学者は往々にして政治勢力と否応なく連帯せざるを得なかった。

しかし、もしも社会が「夜の科学」の社会的意義を認め、政治が「夜の科学」に介入しないことが保証されれば、科学者はもっと積極的にトランス・サイエンスの問題を論じることができる。

第三に、社会と科学との対峙関係を共鳴関係に転ずることができる。

ワインバーグが主張するように、トランス・サイエンスの問題が現れたら、科学者は積極的にそこに出かけて行って、公平無私の立場で発言をする義務を負っている。その公平無私の立場を保証するものは、「夜の科学」の存在以外のなにものでもない。

2　象徴的な二つの事故

†100%予見可能だった福知山線転覆事故

以上の議論の上に立って、近年、科学と社会の関係性が問われた2つのトランス・サイエンス問題を再考してみよう。

第一は、2005年4月25日にJR西日本が兵庫県尼崎市で引き起こした福知山線転覆事故である。図4-1に示すように、伊丹駅を出発した上り快速列車が塚口～尼崎駅間の右カーブでカーブ外側に転覆し、107人の死亡者と562人の負傷者を出すJR史上最悪の事故となった。

事故の原因は、拙著『JR福知山線事故の本質』（山口 2007）で証明したように、1996年12月に半径600メートルから304メートルにカーブ線路の設計を変更した際、JR西日本が物理学的に「転覆限界速度」を求めず、ATS-P（自動列車停止装置）の設置を怠ったことによる。

転覆限界速度を物理学で計算すると、図４－２に示すように線路のカーブ半径が３０４メートルの場合、乗車人数が７人を超えると乗車人数が何人であろうとも、転覆限界速度は常に時速１２０キロメートル以下である。事故当日の93人乗車（１両目）の場合は、転

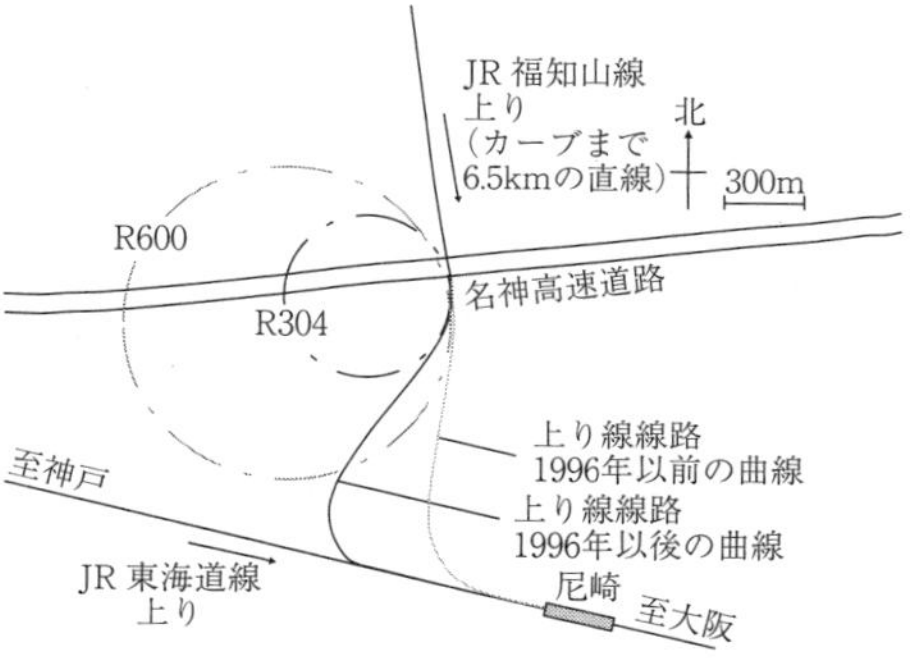

図４－１　2005年４月25日におきたＪＲ福知山線事故の事故現場の地図。上り線の曲線線路（灰色）は元々半径600mだった。1996年に、高架にするために下り線の曲線線路（黒色）の横に乗せられ、半径304mとされた。
出典＝山口（2007）図3.4より改変

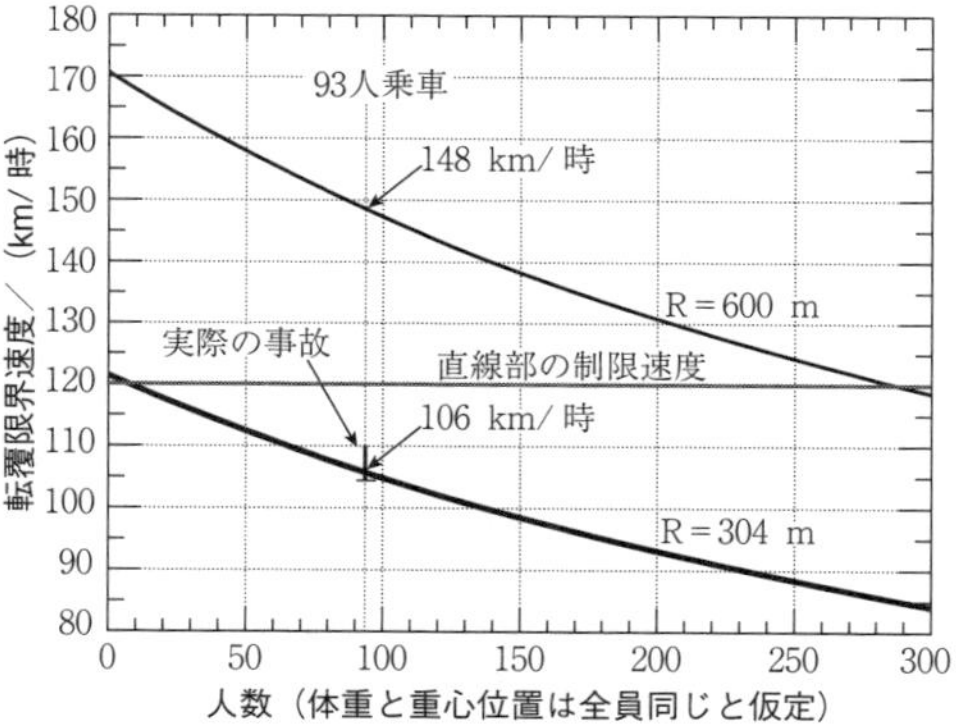

図４－２　理論的に求めた転覆限界速度。乗車人数の関数として求めた。線路の曲率半径304m の場合と600m の場合。
出典＝山口（2007）図3.3

覆限界速度は時速106キロであって、この転覆限界速度を超えた場合、確率1で（つまり予見可能性100％で必ず）列車は転覆する。

一方、半径が600メートルのままであった場合、乗車人数が288人以下ならば乗車人数が何人であろうとも、転覆限界速度は常に時速120キロメートル以上である。事故当日の93人乗車の場合は、転覆限界速度は時速148キロであるから、たとえ時速120キロメートルでこの右カーブに入ろうとも、転覆が起きる確率は0である。

事故現場の右カーブの制限速度は時速70キロで、カーブに入る前の直線部分6・5キロは時速120キロに設定されていた。この直線部分の通行にかかる3分15秒は、運転士が心神耗弱や意識障害等で健常な判断ができなくなるに足る十分な時間間隔であるから、線路軌道の設計変更を決裁したJR西日本は、運転士が減速せずに時速120キロのままカーブに入っても転覆しないように設計する必要があった。

つまり、この転覆事故はたまたま起こったわけでは決してなく、転覆限界速度を教えられていない他の運転士でも起こる可能性が十分にあった。現場カーブを設計変更した時点で、未来にほとんど必ず起きることが100％予見可能だったのである。にもかかわらず、JR西日本は何ら対策を取らなかったばかりか、図4－2に示す転覆限界速度の計算すらしていなかった。

ところが、事故についてマスメディアは「運転士のミスが原因」として、日勤教育や懲罰的な労務管理など間接的な背後要因ばかりを追った。この事故の本質はそこにはない。

まず科学的な視点に基づいて、運転士が判断力を失ったときにも重大事故が起きないよう線路軌道を設計するのが技術企業の基本中の基本である。事故の本質は明らかに線路軌道の設計ミスであり、経営者が技術を知らなかったがゆえの過失、すなわち「技術経営」のミスである。

†科学を一顧だにしない司法

ところが、国土交通省の航空・鉄道事故調査委員会（後藤昇弘委員長）が2007年6月に発表した最終報告書は、事故原因は「運転士のブレーキ使用が遅れたため」と運転士に全責任があると断定した。

その上で、ブレーキ使用が遅れたことについて「車掌と輸送司令員との交信に特段の注意を払っていたことなどから、注意が運転からそれたことによるものと考えられる」という当て推量で済ませており、「運転士が正常な判断をしうる状態にあった」ということを、立証することなく仮定している。経営責任には言及しておらず、ATS整備の遅れや現場付近の急カーブへの付け替えについては指摘程度にとどめた。

その後、複数の刑事裁判が行なわれ、線路設計変更を決定した時点の鉄道本部長だった山崎正夫が業務上過失致死罪に問われた最初の裁判で、神戸地裁は2012年1月に次のような無罪判決を出した。

運転士が転覆限界速度を超える速度で本件曲線に列車を進入させ列車が転覆して脱線に至り、乗客らに死傷結果が発生することは、「何らかの理由により」「いつかは起こり得るもの」として予見可能の範囲内にあることは否定しがたい。

しかしながら、予見の対象とされる転覆限界速度を超えた進入に至る経緯は漠然としたものであり、結果発生の可能性も具体的ではない。このような意味で結果発生が予見可能の範囲内にあることを予見可能性というのであれば、その内実は危惧感をいうものと大差はなく、結果発生の予見は容易ではなく、予見可能性の程度は相当低いものといわざるを得ない。

読めばわかるように、この判決は科学を一顧だにしていない。科学は転覆限界速度を正確に求めた。よって予見を定量的にすることが容易に可能だった。しかも実際の転覆速度は理論的に求められた転覆限界速度(時速106キロ)に一致していた。そこで用いた科学は高校物理のレベルであって、鉄道事業者ならば経営者全員が知っておくべきものだった。にもかかわらず、カーブの前の直線線路で運転士がなぜ判断不能に陥ったのか。ATS－Pを線路側に設置すること（列車には設置されていた）を経営者はなぜ妨げたのか。転覆限界速度をなぜ経営者は知らなかったのか。この三つの疑問に裁判は、エビデンス（証拠）によって答えを出す努力をまったくしていない。

山崎は在宅起訴されたものの無罪が確定。検察が不起訴としたJR西日本の歴代3社長については、市民で構成する検察審査会が2度にわたって「起訴すべき」との議決に基づき強制起訴となったものの、結果的には無罪が確定した。

この事例は、本来トランス・サイエンスの問題であるべきなのに、科学者と司法が互いに知識をやりとりして「科学に問いかけること」がまったく行なわれなかった典型例である。

†なぜ海水を注入しなかったのか――福島第一原発事故

二つ目の事例は、2011年3月11～14日に起きた福島第一原発事故である。まず事故のプロセスを見よう。

原子炉の技術とは、つまるところ圧力容器内の炉心（燃料棒）をいかに冷やすかという問題に尽きる。福島第一原発では、まず津波によってAC電源と海水を取り込むポンプが壊れ、炉心を冷却できなくなった。こうした場合に作動する非常用炉心冷却系（ECCS）も、津波で非常用電源が壊れて停止してしまった。

こうした事態に至っても、原発には非常時の「最後の砦」として、1号機は「IC」（非常用復水器）、2、3号機はICの進化版たる「RCIC」（原子炉隔離時冷却系）が設置されている。

これらは、たとえ全電源が喪失しても稼働し続け、炉心を冷やす。実際、図4－3に示すように、事故現場から刻々と送られてきた原子炉水位データを読む限り、ECCS停止後も、1号機のICは約8時間、*3号機のRCIC（と高圧注水系HPCI）は35時間39分、2号機のRCICは70時間36分動いて冷却を続けていた（山口2012）。

つまりECCSの停止後すぐに原子炉が暴走したわけではなく、「最後の砦」が動いている間に手を打てばコントロール不能とはならなかった。少なくとも2、3号機については、コントロール可能な間にベント（格納容器に付けられた手動の弁）を開いて格納容器の圧力を下げることも海水注入も行なうことができた。

ところが、東電の経営者代表として官邸にいた東電フェローの武黒一郎（前副社長兼原子力・立地本部長）は、会長の勝俣恒久や社長の清水正孝ら経営陣の意を受けて、海水の注入をかたくなに拒んだ。2号機も3号機も「最後の砦」が停止して炉心溶融が起きてから、ようやく海水を注入するという意思決定をしている。

原子炉水位がプラスで燃料棒が水に浸っている間であれば炉心が溶融していないので、ベントを開いても大気中にはごく微量の放射性物質を含む水蒸気しか放出されない。しかし、原子炉水位がマイナスになって炉心の一部が水から顔を出し少しでも溶けてしまった後にベントを開けると、大量の放射性物質が放出され、甚大な放射線被害をもたらす。

しかも原子炉水位がマイナスになってしまうと、人知を超えて原子炉がコントロール不能となり暴走する。これを、「物理限界」を超えるという。東電の原発事故では、これが実際に起きてしまった。

2号機と3号機の原子炉水位がともにプラスであった3月13日午前3時までにベントを開けて圧力を抜き、海水をすみやかに注入していれば、放射線被害は1号機からだけ（現状の6分の1）で済んだのである。

＊ただし後に東電は、1号機のICが作業員の誤動作により断続的にしか動いていなかったとともに、リアルタイムで送った原子炉水位データが水位計の物理的な故障により正しくなかったと発表した。これについては、その後現在に至るまで、正しいデータの発表はなく、いずれの事故調査委員会もこの点に言及していないため、真実は不明のままである。

さらに付け加えると、図4－3（a）に示したように3号機においては突如HPCIが作動し始めた後、圧力容器内の圧力は10気圧以下になった。したがってベントすることなく、高圧消防車で海水を注入できた。なぜここで海水注入をしなかったのか。しようともしなかったのか。

事故はなぜ起きたのかを調べるために、政府や国会、東電の事故調査委員会が発足し調査を始めた。しかし政府も東電も当事者であり、国会事故調もいわば官製組織である。事故を客観的に分析し、国民に公正な事実を伝えるためには、純粋に草の根組織による調査が必要だ。

そこで、第三者の立場から事故の本質と未来への提言を示すため、私を委員長とする「FUKUSHIMAプロジェクト委員会」が立ち上がった。代表発起人である松下電器産業（現パナソニック）元副社長の水野博之をはじめ、法律や原子炉工学、エネルギー問題、技術倫理などさまざまな分野に通じたメンバーが結集した。

私たちは公表されたデータから事故に至るプロセスを解析し、『FUKUSHIMAレポート――原発事故の本質』（FUKUSHIMAプロジェクト委員会2012）で公表した。

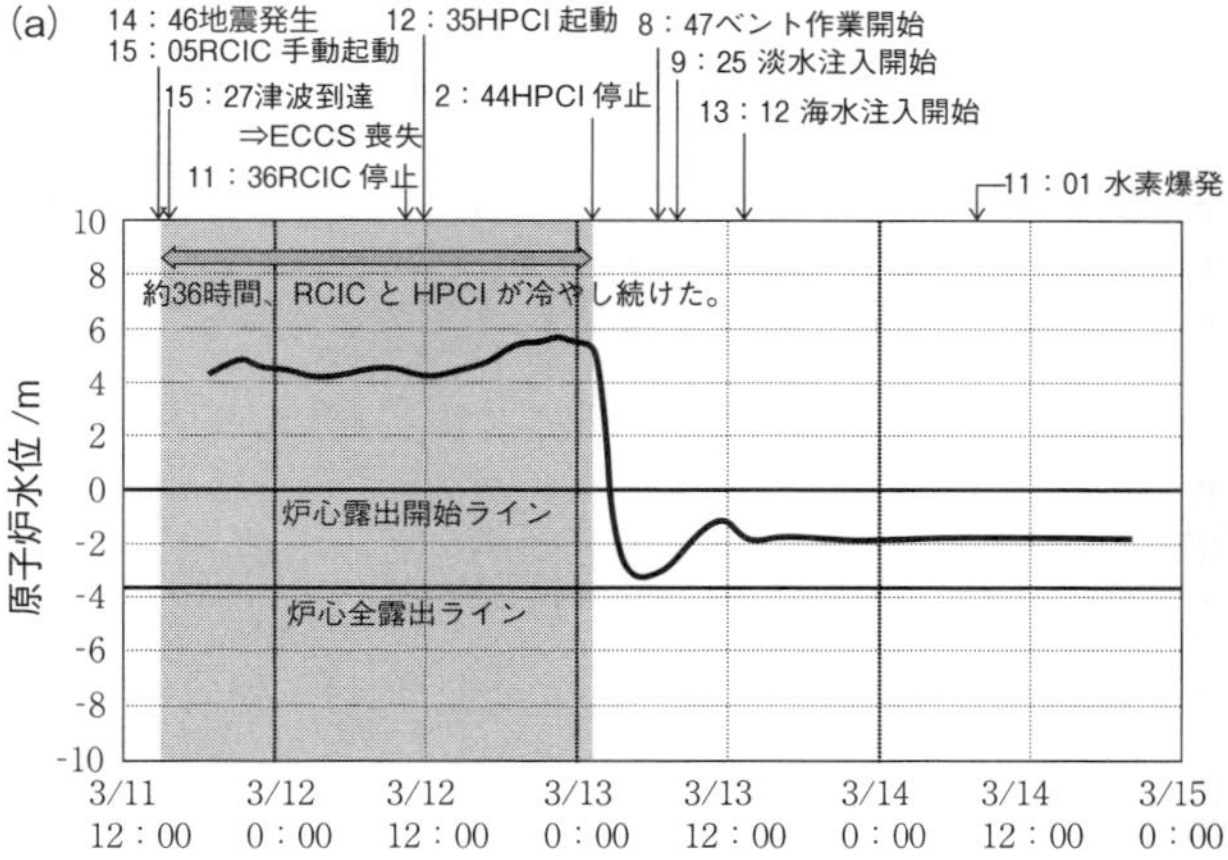

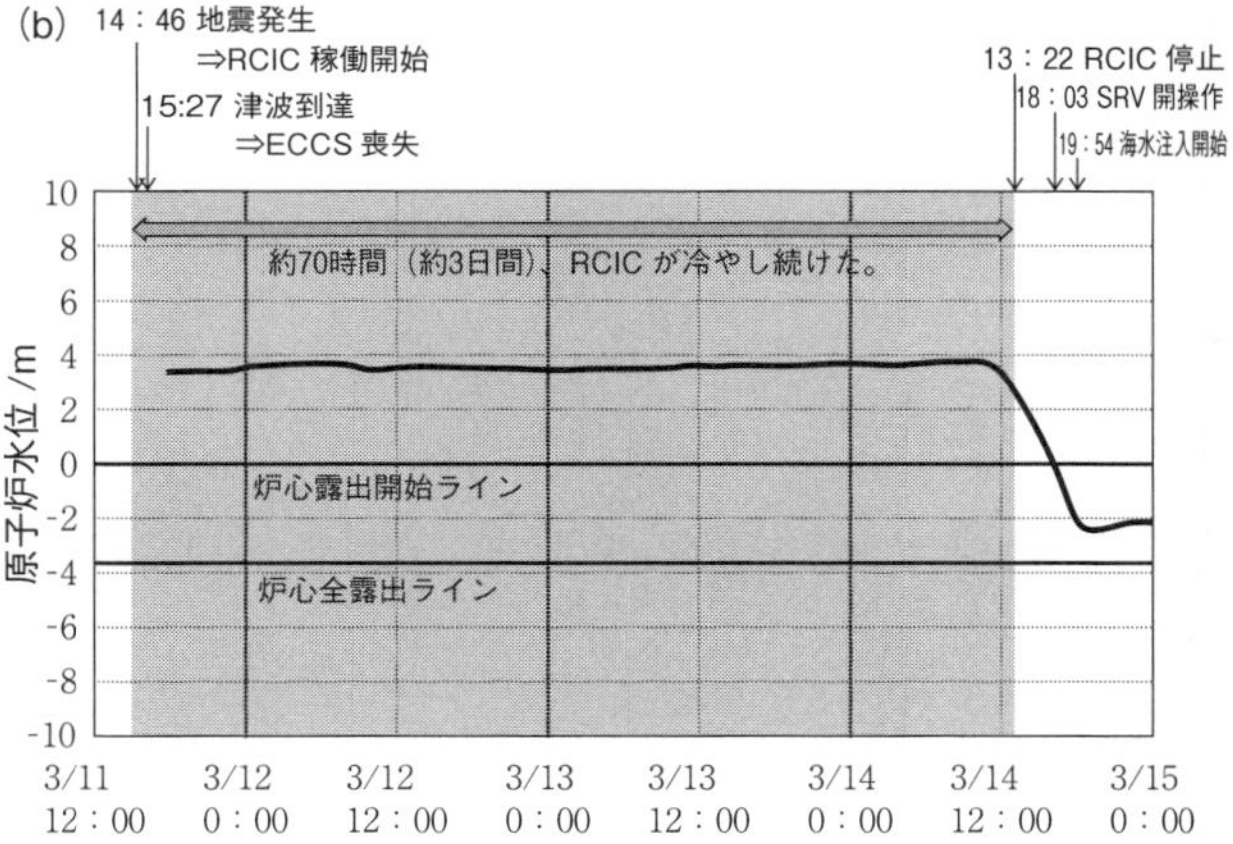

図4-3　福島第一原発の（a）3号機と（b）2号機における原子炉水位の経時変化。灰色の部分は、RCIC（または HPCI）が働いていた時間領域。
出典＝山口（2012）図1-5より改変

三つの原子炉とも「最後の砦」は動いて原子炉の炉心を冷やし続けた。意思決定に必要なすべての情報は当時、経営陣のもとに届いていた。判断が遅れれば、原子炉がコントロール不能になることは100％予見可能だった。

しかし1号機については28時間後、3号機については46時間後、2号機については77時間後と、RCIC（1号機はIC）稼働から海水注入までに時間を費やしている。1号機については吉田昌郎所長をはじめとする現場が最大限の努力をなしたと想像できるものの、3号機と2号機については異常に長いあいだ海水注入の決断を躊躇している。

いったいなぜ東電の経営陣は、原子炉が暴走するまで海水注入の意思決定をしなかったのか。

私は、事故翌日の夜から官邸の菅直人総理のそばで対応に当たった日比野靖教授（北陸先端科学技術大学院大学副学長、当時）に取材して、当時官邸で何が起きたかを知ることができた。

原子炉の技術経営にとって最も優先度が高いのは、原子炉水位をマイナスにしないことだ。だから菅総理は、東電の武黒一郎フェロー、さらに寺坂信昭・原子力安全・保安院院長、班目春樹・原子力安全委員会委員長に「3号機と2号機は、今すぐベント開放をして圧力を抜き、海水注入すべきではないか」と何度も尋ねた。

日比野も東電（原子力品質安全部長）から「海水注入で危険の発生はない」との答えを得た後、「（RCICが動いて原子炉水位がプラスに保たれている間に）なぜ早くベント開放と海水注入をしないのか」と迫った。

しかし武黒フェローは故意にそれを拒み続けた。

なぜか。東電は「格納容器の温度と圧力ができるだけ上がったところでベント開放したほうが、エネルギー放出を大きくできるため、RCICが止まってからベント開放をし、海水注入をすることになっている」と菅総理と日比野教授に説明しているものの、これは物理学的に合理性を持たない。本当の理由は、「海水を入れれば、その原子炉は廃炉となり、経済的に大きな損失を被る」からではないか。

†封印された経営者の責任

敢えて繰り返す。「原子炉の技術経営にとって最も優先度が高いのは『物理限界』を超えて原子炉を暴走させないこと、すなわち原子炉水位をマイナスにしないこと」である。よって「ECCSが働かずに最後の砦たるRCICが稼働を始めたら、原子炉水位がプラスであるうちに可及的速やかにベント開放をして淡水注入をする。その間に海水注入の準備をし、間髪を入れずに海水注入を行なう」ということを徹底しなければならない。それこそが「ノーマリー・オフ」原則である。

ここで「ノーマリー・オフ」とは、「技術システムが、電源が止まっている（ノーマリー）時にオフにするように設計し運用する」という原則であって、不測の事態にシステムが暴走することを防ぐための根本原則である。

この原則を普遍化しておこう。すなわち「技術システムは、不測の事態が起きたときにシステムが物理限界を超えて暴走しないように設計し運用する」という原則を、あらためて「ノーマリー・オフ」普遍原則と呼ぶことにする。この普遍原則は、技術設計の根本原則であると同時に技術経営の根本原則にほかならない。

ところが、原発はそのままでは「ノーマリー・オフ」普遍原則を原理的に満たしていない。外部電源から隔離されると最後の砦であるＲＣＩＣは働くものの、これには制限時間があり、制限時間が尽きて放っておけば、原子炉水位がマイナスになり物理限界を超えて暴走する。つまり原子炉とは、「ノーマリー・オン」の欠陥技術なのである。この欠陥を補って「ノーマリー・オフ」普遍原則を満たすためには、ＲＣＩＣ稼働中に人間が海水注入をするほかはない。

驚くべきことに、東電の経営者は、その根本原則を知らなかった。そのため、暴走すれば人知を超えてコントロール不能になる原子炉の「物理限界」とは何かが理解できず、意思決定を怠って原子炉をコントロール不能に陥らせた。すなわち、この事故の本質は「技術の過失」ではなく、「技術経営の過失」にある。

事故については、海抜11メートルの低位置に原発を建設したこと、非常用電源のほとんどを地下1階に配置したことなど、いわゆるリスク・マネジメントの不備がさかんに問われた。

もちろん、それらは重大な過失ではあるものの、事故原因を考える際、リスク・マネジメントだけに目を向けると問題の本質を見誤る。本質はリスク・マネジメントだけではなく、技術経営の過失もまた重要なのである。

事故が起きて原子炉が暴走したとき、技術者はその後に何が起こるかわかっていたはずだ。元保安院の院長はさめざめと泣き、「もう助からない」と言ったと聞いている。ところが、東電の経営者は原子炉水位がマイナスになればコントロール不能になることを知らなかったし、知ろうともしなかった。

にもかかわらず、今敢えて経営者責任の議論は封印されている。検察当局は「地震、津波の予見は困難」として東電や国の事故関係者を軒並み不起訴処分とした。検察審査会は当時の勝俣会長、武藤栄副社長、武黒フェローの3人について「最大15メートル超の津波が来る可能性があるとの報告を受けながら適切な処置を怠った」として起訴相当と議決。2016年2月に強制起訴された。JR福知山線事故とまったく同じ構造である。

3　なぜ組織の科学的思考は失われるのか

†専門家とは何か

JR福知山線事故と東電原発事故の原因である「技術経営の過失」に共通するのは、組織における科学リテラシーの欠如である。企業内に科学的思考を担保するには、その意思決定システムに科学の専門家が入るべきだと私は考える。

では、「専門家」とは何か。その問題について考えてみたい。

福島第一原発事故について、2012年5月28日に国会事故調査委員会が菅直人の事情聴取を行なった。聴取に当たった野村修也（中央大学法科大学院教授・弁護士）は、「菅総理は日比野靖という原子力の専門家でない人間を官邸に呼び、福島原発の所長たちにさまざまな素人質問をさせたことで現場を混乱させた」と主張した。

日比野は確かにコンピュータ・サイエンスが専門とはいえ、物理学を修めた歴とした物理学者である。しかし野村には、原子力工学の技術者ないし教授をしていない人物はすべて「専門家でない」という固定観念があるのだろう。

原子力工学を修めた人以外は、この領域に踏み込むべきでないのか。私はむしろ原発や原子力行政の運用に、原子力工学以外の科学者や社会科学者が加わってオープンな議論がなされてこなかったところにこそ問題があると思う。いわゆる「原子力村」という閉鎖的共同体の存在である。緊急時の問題解決にも「原子力村」に属さない物理学者をも加えて取り組むべきであって、野村の主張は科学的に的を射ているとはいえない。

野村は、事情聴取の場で「菅リスク」を声高に叫んだ。「菅総理が専門家でもないのに専門家ぶったことが、この事故を大きくした」という。その1カ月後に出た国会事故調の事故調査報告書には「当時の菅首相が、東電の原発事故対応を邪魔した罪は大きい」と記された。そして、この国会事故調の示した論調が一つの国民的コンセンサスになっていった。しかし、それは事実だろうか。

2号機では、3月14日13時22分、RCICがついに停止した。あっという間に原子炉水位がマイナスになって炉心溶融が始まる。そして、その日の夕刻には格納容器の下部に、突然亀裂が入った。圧力容器内の圧力を8気圧以下にして、ベントを開放することなく19時54分より海水注入ができたものの、亀裂部から、炉心溶融した高濃度の放射性物質が原子炉外に多量に排出される。そのため、2号機は完全にコントロール不能になって、建屋に立ち入ることもできなくなる最悪の事態を迎えた。

もはや現場の人間が全員危険にさらされるとして3月14日夜、東電の清水社長は、海江田万里・経済産業大臣に「(コントロール不能になった原発を放置して)撤退したい」と要請する電話をかけた。しかし、菅総理は「いま撤退したら日本がどうなるかわかっているのか」とどなりつけ、清水社長を官邸に呼びつけた上で東電の「撤退要請」を却下。即座に東電本社に乗り込んで、そこに統合対策本部を設置した。

東電の撤退要請に対して、政府や経産省の「専門家」たちは、「撤退やむなし」と結論していたという。彼ら「専門家」に従って東電が事故現場から全面撤退していたら、原子力委員会が当時「不測事態シナリオ」として予測したように、今ごろ首都圏は人の住めない地域になっていた可能性がある(「撤退」について東電は「プラント制御に必要な人員は残す意味だった」と主張しているものの、「後知恵ではなく当初からそう主張していた」ということが事実をもって検証されていない)。

野村のいう「専門家」ではない菅と日比野は「早急にベント開放をして海水注入すべき

だ」と主張し、野村のいう「専門家」である東電の武黒フェローや武藤副社長ら技術経営の代表者は、これをかたくなに拒んだ。原発事故については野村のいう「専門家」こそが過ちを犯したのである。

ここで問題は、武黒が理系（工学部機械工学科）出身であるという点だ。にもかかわらず海水注入を拒んだのはなぜか。

彼は東電入社後一貫して原子力畑を歩み、柏崎刈羽原子力発電所長、技術開発本部副本部長、そして原子力畑の頂点である副社長兼原子力・立地本部長を務めた。当然、原子炉の配管構造などの細かい技術については熟知していたはずである。しかし原子炉の根幹をなす「物理限界」の何たるかを知らなかったとみられる。

つまり、この原発事故が提示する問題は、文系と理系の分断にとどまらず、むしろ理系の分野間で、「知の越境」を拒む状況が、トランス・サイエンスの問題解決を困難にした典型例ということができる。

†物理学者を排除した原発政策

福島第一原発では、非常用電源が地階に置かれたために、津波により水没して全電源喪失を招いた。そんな初歩的な「ボタンの掛け違い」の原因は、そもそも日本が原発を導入した時期にさかのぼることができる。ここにも深く「専門家」の問題が横たわっている。

１９５０年代に日本で原子力政策を推進したのは、読売新聞社主だった正力松太郎・初代原子力委員会委員長と中曽根康弘・衆院議員だった。原子力委員会にはノーベル物理学賞受賞者の湯川秀樹も委員に招かれた。

ところが、基礎研究の重要性を主張する湯川は、米国からの「直輸入」による原発の早期実用化をめざす正力と対立し、1年余りで委員を辞した。これ以降、湯川は原子力開発の第一線から身を引き、物理学者不在の原発政策が推進されていく。

こうして日本の原発政策の基調は、米国ジェネラル・エレクトリック社（ＧＥ）との「ターン・キー契約」となった。これは日本の科学・技術を取り入れることなく、ＧＥの設計をすべて受け入れなくてはならない契約方式をさす。

福島第一原発の1号機はＧＥの設計で、米国に多いトルネード（竜巻）を防ぐため非常用電源をすべて地階に配置するようになっていた。ＧＥは津波の到来など日本特有の事情を想定できず、日本側も口を挟むことはできなかった。

２、３号機は日立製作所や東芝が建設したものの設計はＧＥによるもので、やはりその設計を変更することは許されなかった。東芝などの日本のメーカーが設計変更できるようになったのは、５、６号機あたりからである。

だから5、6号機では一部の非常用電源が1階に置かれた上、空冷式になって、津波の被害を免れた。さらに東北電力の宮城県・女川原発では東電福島第一原発とは違って高さ15メートルの地点に建設され、やはり津波の被害を免れた。

東電原発事故の原因をさかのぼれば、正力が徹底的に湯川を排除したことに行き当たる。もしも正力が湯川の物理学者としての見識を尊重してそのイニシアチブに委ねていたら、若き物理学者たちが結集して原発をもっと合理的にデザインし、ひいては原子力行政に積極的に関わっていっただろう。そして事故は起こることはなかったと思う。

1958年から67年にかけて、原発技術者養成のために旧七帝国大学の工学部に原子力（原子核）工学科が設置されていくものの、そこでも湯川秀樹や朝永振一郎をはじめとする物理学者たちがイニシアチブを発揮することは許されなかった。かくて物理学とはかけ離れたところで、原子力工学者を中心とする閉鎖的共同体「原子力村」がモンスターのごとく成長していったのである。

†科学者集団を切り離したＪＲ

原子力行政から科学者を排除することが原発事故を招く温床となったような現象は、福知山線事故を起こしたＪＲ西日本にも生じている。

ＪＲに移行する前の国鉄は、新幹線を設計した有能な科学者と技術陣を抱えていた。戦前から戦闘機の設計に携わっていた振動工学の科学者たちが戦後、鉄道技術の世界に入ってきたからだった。彼らは各所のカーブで絶対に列車が転覆しないような線路軌道を設計していた。実際、北海道に列車の転覆実験をするテストラインを造って、何百回となく実験を繰り返して研究を重ねていた。

ところが、１９８７年の国鉄分割民営化を契機に、新幹線を生み出した鉄道技術研究所はＪＲから切り離され、財団法人鉄道総合技術研究所として再スタートした。この時点で国鉄内の科学者集団は各ＪＲから切り離されて別組織に移り、弱体化していった。

陸上交通の新しいイノベーターたるべき科学者たちは、現場とのリンクも現場を介した他分野とのリンクも失った。一方、事業部門たるＪＲ西日本は、科学的考察ができる科学者たちを追いやることで、科学的思考を失っていった。

事故が起きた福知山線にしても、国鉄時代には６・５キロに及ぶ直線部分の制限速度は時速１００キロに設定されていた上、図４－１に示したように現場の上り線右カーブは、半径６００メートルだったため、図４－２に示したように転覆限界速度を時速１２０キロ以上に保つという計算がなされていた。それでもより確実な安全性を見越して、制限速度を抑えていたのである。

すなわち「直線部を通過する約3分の間に万一運転士が心神耗弱や意識障害等により判断力を失ったとしても、列車の走行が『物理限界』を超えないように設計する」という「ノーマリー・オフ」普遍原則が貫かれていた。

ところが、阪急など私鉄との競争の中で、JR西日本は90年代、科学的考察なしに制限速度を時速120キロに上げてしまった。しかも制限速度が時速70キロに急落する右カーブの事故現場の線路には、スピードを制御するシステム（ATS－P）を設置することを怠った。

不思議なのは、当時JR西日本にいた2万5800人の社員である。物理学に通じた技術者や現場の運転士の中には、転覆限界速度がずいぶん低そうだということに気づいていた者もいるはずだ。ところが、科学的思考を失ったJR西日本の経営陣に、その声は届かず、届いても省みられることはなかったのだろう。

JR事故にしても原発事故にしても、検察や裁判などの世界では、経営者は科学的思考能力がないということを前提に捜査や審理が進んでいる。司法の世界では科学が論じられない。これでは「物理限界」の意味を知らず、科学リテラシーのない文系人間を組織の代表に据えておけば、すべての組織事故は免責されてしまうことになる。結果的に日本では、大事故が起きても、その責任を誰も取らないという奇妙な事態に陥っている。

†科学を企業に埋め込む

すべての技術は不可避的に「物理限界」を有している。それが、技術の「コントロール可能」の次元と「コントロール不能」の次元との境界を決める。そしてその境界を超えると、人知を超えて列車は転覆し、飛行機は墜落し、船は沈没し、そして原子炉は暴走する。二つの事故がはらむトランス・サイエンスの問題は、何ら解決されないまま現在に至っている。

そして科学リテラシーの欠如は、東電やJR西日本だけの個別な問題ではなく、日本の社会に根を下ろした普遍的な問題である。つまり再び同様の事故が起こりうるし、科学的思考の欠如による悲劇が医薬品産業やエネルギー産業などテクノロジーを抱えるほかの産業でも起こりうるということである。

原発事故と転覆事故という二つの事故で、なぜ「技術経営の過失」が生じたのか。その根源をたどると、東電もJR西日本もイノベーションを要しない組織だったからではないか、という考えに行き着く。

熾烈な国際競争のさなかにあるハイテク企業の場合は、ブレークスルーを成し遂げない限り生き残っていけない。一方、東電やJR西日本は事実上の寡占ないし独占企業であり、生き残るためにイノベーションの必要性はほとんどない。

こうした状況では、職員の評価の仕方は減点法にならざるを得ない。減点法の世界におけるリスク・マネジメントは、想定外のことが起きたときに「いかに被害を最小限にとどめるか」ではなく、「いかにリスクに近寄らないか」という発想に陥ってしまいがちである。そうした空気は、必然的に組織から創造力や想像力を奪っていく。

事故によって、イノベーションを要しない独占企業における技術経営力の不在が一気に露呈された。事故が日本社会ののど元に突きつけたものは、「ブレークスルーしない限り、もはや日本の産業システムは世界に通用しない」という警告ではなかっただろうか。

日本社会では細分化された分野ごとにタコツボ化し、分野の越境をタブー視する風潮が根強くある。文系と理系の人間はお互いの領域に口を出さずに、それぞれ特化した文化ができている。

すなわち、科学の専門家が組織の意思決定システムにいないことに加え、分野を横断して縦横無尽に行き来する水平関係のネットワークの欠如が、東電の原発事故やJR福知山線事故のような不幸を招いた構造的要因となったと言えるだろう。

「技術経営のミス」を乗り越えるためには、文系は科学・技術リテラシーを、理系は社会リテラシーを身につけて、分野を越境、回遊しながら課題を解決し、新たな価値を創り出すイノベーションの発想が必要となる。次章で、その具体的な構想について考えよう。

第五章
イノベーションを生む社会システム

1　共鳴場を再構築する

†戦後日本はリスクに挑戦しない社会を創ろうとした

21世紀に入ってから日本でイノベーションに向かう勢いが途絶えた原因を探っていくと、戦後日本の制度設計にその起源を見出すことができる。

私はかつて戦後日本が1990年代以後大きくつまずき、現在も喫緊の課題として直面している三つの政策、すなわち農業政策、少子高齢化対策、地方振興策を取り上げて、その原因を詳細に分析したことがある（山口 2006）。その結果、一見無関係に見える三つの失策の根底には共通した問題があることがわかった。

それは農業政策に象徴的に現れている。戦後、農家保護を目的にした農業政策によって、農地が生産資源ではなく資産と化し、農地地価の決定メカニズムに市場原理が働かず、結局、農業を本気でやる専業農家よりも片手間にやる第2種兼業農家のほうが豊かになる悪循環が何十年にもわたって続いた。

しかし専業農家とは元来、立派な企業家以外の何者でもない。経営能力のない農家をむやみに保護することは、産業の新陳代謝を阻むことになる。新規参入の機会均等原則を奪って生産性の向上に逆行し、結果的に農家の減少と高齢化、先進国で最低の食糧自給率という深刻な問題をもたらすことになった。

もちろん戦前、農家をたびたび襲った悲惨が繰り返されないために、天候や経済のリスクから農家を保護するという政策は戦後約半世紀、確かな効果をもたらした。それは農村を見捨てずに、工業の振興とのバランスをとりながら、日本に「国土の均衡ある発展」をもたらしたといえるだろう。

ところが「リスクに挑戦しなくても幸福に過ごせる社会」をめざしたこの戦後政策は、日本社会が成熟してポスト工業化社会に入った後も既得権として長らく維持され、その結果、産業のさまざまな場で、リスクに立ち向かうチャレンジ精神の力と勇気とを奪ってしまった。

たとえば、50年間にわたって日本人から起業家精神を奪っていった終身雇用・年功序列の雇用制度。会社に入って、最初は低い賃金しかもらえなくても、とりあえず与えられた仕事をしていれば、安泰に暮らせるほどの賃金は保障される。だったら社会の荒波に飛び出すより、会社にしがみついていたほうがいい——。

企業の科学者・技術者ですら、たとえ生産管理や営業に転籍させられようとも、自己実現を果たす大志を抱いて会社を辞めベンチャー企業を起こす人間はほとんどいなかった。

そんな戦後日本の制度設計が日本人のマインドセットを形成して日本社会の骨格を長く支え続け、安定した大企業や役所に入社して一生をまっとうすることが、日本人の一つの成功目標となった。その一方で、地域を支えていた自営業は徐々に衰退し、地方からイノベーターたちが立ち現れることは絶えてしまった。

すなわち、未来が不確定なために生じるリスクをできるだけ税金で補うという制度設計こそが、日本人からリスクにチャレンジする力と勇気とを奪ったといえる。その結果、農業という基幹産業の競争力は内側から損なわれ、自営業は衰退し、起業家精神が萎えてしまったのである。

†競争のルールが変わった

けれども一方で、日本は戦後、ユニークな技術革新の仕組みを培ってきた。そのプロセスをたどってみると、産業復興を第一に優先する大企業は、ともかくも迅速に国際的水準にキャッチアップするため、1950年代に研究所を次々につくる。60年代には、企業内研究者の数は大学研究者の数を超え、工学部の優秀な人材が大学に残らずに、こぞって企業研究所を選択するようになっていった。

ただし、当初それはあくまで実用化を重視する技術改善の場としての研究所だった。研究所は多くの場合、生産工場に隣接して置かれ、科学者と技術者の区別がなかった。

たとえば、つとに電気・電子工学の学界で世界のリーダーシップを発揮していた電電公社の武蔵野電気通信研究所（85年以後、NTT武蔵野研究開発センター）ですら、「知の泉を汲んで研究し、実用化により世に恵を具体的に提供しよう」と刻まれた石碑がつい最近まで正門の中央に立ち、知の泉を掘り当てる研究、つまり科学の研究をするのではなく、あくまで「知をいかに具現化するかに目標を置け」という強いメッセージを放っていた。

しかし80年代に入って、大企業の潤沢な研究意欲は、ついに基礎研究の裾野を科学のほうに広げることを許した。その結果、高電子移動度トランジスタ（HEMT）や青色LEDなど数多くの技術革新が日本から生まれることになる。日本の企業研究所は、世界でもまれにみる技術革新のエンジンになったのだった。

ここに至るまでは日本的な手法、つまり大企業が「自前主義」の下、基礎研究（科学研究）→応用研究→技術開発→実用化という一方通行の「線形モデル」を実践し、本来は切磋琢磨すべき産業全体が「護送船団」に乗って、みんなでリスクをうまく吸収するシステムを機能させていたといえる。

リスクを取らなくても、安泰に暮らせる社会をつくることはいかにも良いことに思える。労働力人口と賃金が増えていく中進国社会では、そうしたリスク・フリー社会がうまく機能した。

しかし日本が先進国の仲間入りをしてほどなく、「グローバル社会の競争ルール」が変わった。80年代後半から、米国では基本的にリスクに果敢に挑戦した人間が尊敬されるハイリスク・ハイリターンの社会になる。

米国ではすでに70年代以来、イノベーション・システムの新しい枠組みに対する深い議論があった。ポスト工業化社会では、イノベーションこそが持続可能な経済成長をもたらす。

では「線形モデル」が成立しなくなったとき、イノベーションはどこからやってくるのか。それは、1947年のトランジスタの発明に端を発する半導体産業がそうだったように、大企業研究所や大学など、イノベーションの源泉から飛び出た人々が創業するベンチャーのうねりの中からだ。イノベーターたちがスピンアウトして新企業を生まない限り、イノベーションを創り出す産業の新陳代謝は生まれない――。

こうして米国は産業再生のための制度を矢継ぎ早に立法化した。

これに対して日本は到来したベンチャー企業の時代に完全に乗り遅れてしまった。最終的に製品化できるかどうかわからない研究という仕事は最もリスクを伴う。グローバリゼーションの時代に突入し、国際競争に巻き込まれた大企業は、基礎研究に資金を投じる余裕を失っていった。

そうなると、従来のイノベーション・モデルを転換し、「ベンチャー企業こそが研究の成果を経済価値・社会価値に転換し、イノベーションにチャレンジする」そして「リスクにチャレンジした者がリターンを得る」という米国型に変えていく必要がある。

ところが、日本では「ベンチャー企業こそがイノベーションのエンジンである」という考え方が根付かなかった。古くは松下電器（現パナソニック）やソニー、ホンダなどのベンチャー企業が日本を牽引し、最近では日亜化学や韓国のサムスン、そして台湾のＴＳＭＣ社などのベンチャー企業が新しい産業のリーダーとなったにもかかわらず、である。経済産業省をはじめとする中央官庁は、ハイテク産業の分野ですら大企業とその組合にリスク回避のための補助金を配り続けており、結果的にベンチャー企業による新規参入とそれに伴う新陳代謝を阻んでいる。

その原因をたどると、戦後日本の国家再建の根幹に「リスクに挑戦しなくても安定的に人生設計できるような社会」をつくろうとしたことにあると私は考える。私たちは、早急に時代に即した新たなイノベーションの生成システムを作らなければならない。群れを飛び出して、たった独り最初に荒海に飛び出すファースト・ペンギンを貴ぶ社会システムの構想は待ったなしなのだ。しかし、問題はそのための方法論である。

†大学・企業・社会における共鳴場の再構築

日本企業が、科学の本質である「知の創造」に基づくイノベーション・モデルを取り戻すには、学問分野間のバリアをまたいで「知の越境」を実践し、「回遊」する人材を養成することが必達の課題となる。

そして、そのためには、壊れてしまった「共鳴場」を再び構築できるかどうかにかかっている。第三章で触れた共鳴場について、ここでは大学、企業、社会という三つの層に分けて、その再構築の可能性を考えてみたい。

「パラダイム破壊型イノベーション」を生み出す共鳴場とは、イノベーション・ダイヤグラムの「土壌」における「知の創造」のベクトルと「知の具現化」のベクトルとの結節点で働き、その暗黙知を伝播することのできる人と人との場のことだった。共鳴場の生成者は、今この世界にない新技術を創造したいと渇望しながら、まったく別の分野の技術やパラダイムにインスパイアされる人々のことをさす。

「創発」的な知を具現化するシステムを提供できるのは、ベンチャー企業にほかならない。

ところがかつて大企業に共鳴場が存在していた時代と異なり、今や科学研究は一般に大学や公的研究機関でしかできなくなったため、「知の創造」の場と「知の具現化」の場とが物理的に乖離し、これらをコンカレント（同時並行的）に進めていく共鳴場がどこにも成立しない。

大企業が大学に依頼して研究の成果をもらうといった従来の産学連携の発想では、共鳴場が生まれることはない。量子力学産業にしても医薬品産業にしても、研究を縮小させる際の経営者の言い分は、「研究は大学で行ない、開発は企業で行なうという産学連携をきちんとやれば問題ない」ということだった。しかし、日本の産学連携はその歯車が最初からかみ合わず、今も合っていない。

なぜなら、それは「研究」と「開発」という目的のまったく異なる人間の知的営みを理解していないからである。二つの知的営みの違いを理解した上で、それらに人生をかけるそれぞれの人々の思いを共鳴させる「場」を創ろうとしていないのだ。

そうした共鳴場をきちんと創ろうとする発想を基に制度を構築していれば、日本は新しいイノベーション・モデルを獲得していたはずである。

最終的には、大学で創造された驚くべき「知」を具現化しイノベーションとして生かす必要がある。今の産学連携の方法では、それはまったく無理だ。それを実現できる人は、それを研究し、その「知」に潜む魂を体感により理解したチームメンバーである。

だから、共鳴場をつくる最も確実な方法は、大学でその研究に携わったチームメンバーが、「場」の構成メンバーとして「知の創造」を「価値の創造」に転じさせることだ。

しかし、これまで見てきたように、日本にはその若き無名の科学者たちをイノベーターに仕立てて、ベンチャー企業をつくってもらうという精神も仕組みも概念もないのが実情である。

†ケンブリッジ現象の秘密

共鳴場生成の象徴的な事例として、大学発の有力ベンチャー企業が続々と誕生したイギリスの「ケンブリッジ現象」を紹介しよう。私は2008年から1年間、ケンブリッジ大学クレアホールに客員フェローとして籍を置いた際、このケンブリッジ現象について調べたことがある。その後も毎夏、1カ月以上ケンブリッジ大学に滞在し定点観測を続けた。

ケンブリッジ大学は1970年代から産業との連携を強めた。その発端はケンブリッジ大学キャベンディッシュ研究所（物理学科）筆頭教授でノーベル物理学賞受賞者のサー・ネビル・モット（1905〜1996）が69年に国に提出した「モット報告」にある。

モットはこの報告の中で、大学と産業界とが連携してサイエンス型産業の立地を促進させること、つまり大学がもっと産業社会と関わることを説いた。当時、日本で産学連携などと言い出そうものなら大学からも学生からも総スカンを食らう時代だったことを思うと、先見性にあふれたその主張は、10年後にケンブリッジで起きるダイナミズムを正確に見通していた。

この報告を受けてケンブリッジ大トリニティ・カレッジは70年、所有地に11ヘクタールの「サイエンスパーク」を建設し、ハイテク・ベンチャーを積極的に受け入れて大学との共同研究を推し進めた。

それまでケンブリッジ市にはオックスフォードのように自動車産業などが育っていなかった。しかし「モット報告」を契機にハイテク企業集積のための下地が自律的に形成され、90年までにケンブリッジ市とその周辺に800を超えるハイテク企業が集積していった。それは、政府や地方自治体による誘致の結果ではなく、まったく自己組織的なクラスター形成だった。

ケンブリッジ現象を伝説にした人物が、キャベンディッシュ研究所の大学院生だったハーマン・ハウザー（1948〜）である。彼は物理学の博士号を取って物理学研究者になるという決まりきった道を捨て、コンピュータを作るエイコーン社を創業した。

巨万の富を築いたハウザーがさらに立ち上げたベンチャー企業が、第三章で触れたＡＲ

M社である。ARM設計のマイクロプロセッサが携帯電話の標準チップになったことはすでに述べた。

さて、エイコーン、ARMという2つのベンチャーの源をたどると、ケンブリッジ大学に31あるカレッジに行き着く。カレッジはケンブリッジでは学寮をさし、たとえばニュートンが出たのはトリニティ・カレッジだ。カレッジは宿舎であり、朝食か昼食、それに夕食が出る。さらにケンブリッジ大学の教員（フェロー）から個人授業が受けられる。入学試験はカレッジが責任を持ち、卒業認定は大学が責任を持つのである。

これによく似た日本の組織は相撲部屋の世界かもしれない。あるいは武道の世界も「入門は各道場で、大会は各武道団体」と似たような仕組みを持っている。エイコーンやARMをはじめケンブリッジ現象を創り上げていったベンチャー企業の多くは、このカレッジで「同じ釜の飯を食べた」仲間たちが、一緒に起業した会社なのである。

私がいたカレッジのひとつ、クレアホールでも、フェローや学生は一緒に「イギリス飯」を食べた。そこでは来た順番に座席に着くという暗黙のルールがある。だから仲間や気の合った者同士だけで座ることは好ましくない。ネットワークが硬直化するからだ。

前や両隣に文系の人間が座ると、食事後、サロンでコーヒーや酒を飲む時間を含めて約2時間、英語で哲学や西洋史の会話をしなければならない。私はそこで日本を代表することなるため、きちんと伝えられるように歴史や文化、哲学を勉強することになった。この経験が「知の越境」を提案するための大きな足がかりになった。

それは、まさに年齢も性別も国籍や知の分野も異なる人たちが集い、互いの価値観や学問を認め合う共鳴場だった。そこでの知と魂の共鳴が、やがて世界にない新イノベーションにつながっていったのである。

†カレッジの可能性

じつは私がケンブリッジ現象について調べたのは、イギリスに行く前、世界的なハイテクメーカー堀場製作所の創業者、堀場雅夫に、「世界的にも特異なケンブリッジ現象の秘密を探ってきてほしい」と依頼されていたからである。

それに対する私の答えが「カレッジ」だった。帰国した私は堀場に「カレッジを創りましょう」と進言した。堀場はさっそく京都市に「京都カレッジ（高度人材交流拠点）を創ろう」と提案するとともに、当時、京都大学総長をしていた松本紘にもカレッジ構想を持ちかけた。

それを松本なりに咀嚼し、2013年に新設したのが、私の勤める京都大学大学院の思修館である。この大学院は、環境問題や人権問題そしてイノベーションなど地球規模の社会課題に取り組むグローバル・リーダー輩出を掲げ、文理共鳴による実践力と「知の越境」による回遊力とを養成するため5年制博士課程一貫教育を実施している。

21世紀の産業社会は、共鳴場を核としてビジョンと目的ごとに参集したチームこそが、産業の主役としてイノベーション・チェーンを再構築していくだろう。

そこで、それを加速するために、たとえば大学教員が中継核として活動をつなげていくプロデューサーになることが考えられる。大学教員がそれぞれの共鳴場をネットワーク付けしていくことにより、大学側も「具現化が可能な知」の獲得に積極的に関わることができる。

それればかりではなく、大企業を含めて共鳴場同士が、新しい連携のネットワークを発見し、それぞれの「具現化可能な知」の新たな擦り合わせをして思いもよらなかったバリュー・チェーンを構築したり、「山登りのワナ」を脱出したりすることができるだろう。

じつは1980年代から90年代初頭の日本には、半導体・デバイスの世界に企業を超えた共鳴場が生まれようとしたことがあった。学会で互いを認め合った企業の科学者・技術者たちが、企業のボーダーを超えて未発表の暗黙知を自由に語り合って日本の技術力を高めていった時期があったのだ。

私は、今でも思い出す。企業の垣根を越えたある共鳴場において、ある企業の技術者が、

「HEMTの歩留まりが上がらないので原子を解析して調べてみたら、半導体界面にありえない原子量を持つ元素が存在するんだ」と語り始めた。

すると、「お前たちもか？　じつは俺たちもそうなんだ。ずっと悩んでいたんだ」と他社の科学者・技術者たちが声を上げ始めた。それから三日三晩、企業の枠を超えて彼らはその原因をブレイン・ストーミングした。こうしてこの未知の課題は解決され、日本のHEMTの性能は世界の群を抜いた。

しかし90年代中葉以後、それぞれの企業の経営者の圧力によりこのような共鳴場は壊れ、さらには企業内に形成されていた共鳴場もまたその重要性がまったく認識されないまま失われた。前述の科学者・技術者たちは、そのほとんどが会社で事業部に転籍させられるか、会社を辞めて行方不明になってしまった。

2 大学・企業の制度改革

†イノベーション・ソムリエの育成

これまで述べてきたように、1990年代後半に起きた「中央研究所モデルの終焉」以後、日本は今それに取って代わるべき21世紀型イノベーション・モデルを見つけられずに漂流している。

ちりぢりになって漂流しているボートからイノベーターたちを救い出すためには、早急に米国版SBIRの思想を体現した制度を日本で実施しなければならない。そして、そのためにはこれまで日本には存在しなかったプロフェッショナルな科学行政官制度の創設が不可欠である。今の日本のように博士号を持たず、「創発」や「回遊」に伴うリスクに挑戦したこともない人間が、科学行政にこれ以上携わるべきではない。

私が「イノベーション・ソムリエ」と名付けた人材、すなわち未来産業を構想し、イノベーションの全体構造を把握して「創発」と「回遊」のシナリオを構築できる人間を大学教育の中で育成することが必要なのである。

ところが、これまでイノベーションとは「知の具現化」による価値の創造（タイプ0）のことだとしか考えなかった人々は、「創発」力を育てることをしてこなかった。しかも、自然科学も社会科学も「知の越境」に対して否定的であったために、大学教育では文理の壁を超えて自由に「回遊」することなど教えない。その結果、日本の大学院で一つの分野を土壌に向かって掘り進んでいった人間は、その分野しか知らず、つぶしの利かない研究者にしかなれなかった。

では、これからの日本に、「回遊」しながら「創発」の何たるかを教育する制度をどう根付かせればいいだろうか。

そのために必要なのは、まず新しい大学院の構築である。その大学院では、日常的に社会科学者が科学者と共鳴して事の本質に迫る。一方、科学者は、社会科学者・人文科学者の方法論を学んで、共通言語で議論する。その目標は、科学を社会に正しく組み込んだ「グランドデザイン構築」を目標とする新しい超域的学問を、「分野知図」（図2－8）のコア学問にのっとって円環状に創ることである。

しかし、これはたとえば経済物理学をそこに据えるなどといったことでは断じてない。経済物理学というのは「経済現象を物理モデルで取り扱う」単一の分野にすぎないからである。そうではなくて、物理学者が量子力学に基づいて次世代半導体のことを根本から理解すると同時に、経済学・経営学を修めて半導体産業の未来ビジョンを構想する。

このように、大事なことは二つ以上の分野を横断する力をマスターすることであって、たとえば博士号を取るプロセスの中で、二つ以上の学問を関連付けながら修める。それこそが「創発」と「回遊」の本質である。

こうして、どんな社会課題が立ち現れたときにも、「知の越境」をしながらさまざまな分野の知慧を使って課題を言語化し、それを解決するのである。

たとえば、原発事故のように分野横断的な課題が立ち現れたときに、自然科学と社会科学とを共鳴させて課題を分析・形式知化し、それを解決していく。新しい学問はそれに応えなければならない。

†新たな大学院のデザイン

イノベーション・ソムリエを養成する大学院のカリキュラムはどのようなものであるべきか。その回答を得るために、再び39学問の「分野知図」の構造を精査してみたい。

第二章で述べたように、中央に円環上に存在する10のコア学問（数学、物理学、情報学、化学、生命科学、心理学、哲学、経済学、法学、環境学）は、互いに強い相互作用を持ちながら、最も近接する5つのクラスター（工学、医学、人文・社会科学、経営学、地学）のいずれかと強い相互作用を有している。

そして、米国のSBIRに採択されて起業家になった科学者は、物理学、化学、生命科学というコア学問出身者が最大多数を占めていた。また、社会科学系のコア学問の博士号を持つ起業家も存在した。

このことから、イノベーション・ソムリエを育成する新しい大学院は、次のようなカリキュラム設計思想に基づくべきだということが言える。

第一に、この大学院の学生は、10のコア学問をできる限り広範に修めること。それぞれの個別学問のテクニックは理解しなくても、根本を理解して共通言語を話せるまでになることは十分に可能である。

第二に、この大学院は、ケンブリッジ大学の31のカレッジのように「同じ釜の飯を食う」環境を持つ合宿型の大学院として、自然科学者・社会科学者・人文科学者が同じ共鳴場に存在すること。そして学生とその卒業生は、10のコア学問を互いに補完し合えるカレッジメイトとなること。さらにその学寮は、ケンブリッジのカレッジのように多様性を重視しなければならない。シングルマザーをはじめとする社会的弱者を優先することは言うまでもない。

前述したように、ハウザーが創業したエイコーンもARMも、カレッジメイトが重要な役割を演じた。人生の実存的欲求を共鳴し合える終生の同志の存在は、イノベーターのネットワーク統合体に常に必要である。

第三に、この大学院の学生は、人間の生存に関わるさまざまな社会課題に立ち向かい、博士号を取得して「創発」を自らのものにすること。「この世にないものをあらしめる」という経験こそがブレークスルーを可能にする。

この大学院の研究テーマである「新しい超域的学問」は、ある特定の学問分野をささない。むしろ「分野知図」におけるコア学問の円環を常に公転し続けるようなダイナミックな新しい学問として位置付けるべきだろう。

†共鳴場を企業間に構築する

では一方で、イノベーションの生成環境たる共鳴場を企業内と企業間に再構築するためにはどうすればいいだろうか。

イノベーションにとって重要な場所は、企業ではなく共鳴場である。ところが、共鳴場から生まれるパラダイム破壊型イノベーションを阻んできたものは、実は日本社会自身であった。というのも、すでに論証してきたように戦後日本は、個人の創造性を顧慮しない社会システムを作り上げてしまったからだ。

共鳴場が創りだす新しいイノベーションのプロセスは、その共鳴場と不可分であるから、「精神なき労働力の提供者」として人間を捉える近代産業のパラダイムには当てはまらない。すなわち私たちは、社会を「人々の生きがいとしての創造欲求を育む共鳴場」として再定義しなければならないのである。

共鳴場は、参加者による暗黙知の共鳴によって自己組織的に成立しているので、企業内にあっても企業の各事業部から独立したレイヤーを構成している。

もし共鳴場の生成者が企業にいる場合、企業にとっての最優先課題は「既知派」による知識の経営ではなく、「創発」を育む共鳴場の経営でなければならない。知識は保存されるけれども、「場」はいったん壊れると再生がほぼ不可能だからだ。したがって、企業の中で人をバラバラにして「スキル・シフト」させるのは最悪のシナリオであり、むしろ共鳴場ごとにスピン・オフさせるべきである。

ではその手段として、分社化や社内ベンチャー制度はどうだろうか。残念ながら、分社化や社内ベンチャーの実施によってイノベーション生成確率が増えることは、原理的にありえない。

というのも、前者は単にバリュー・ネットワークごとに業績評価をしやすくした浅薄な経営改変である。バリュー・ネットワークとは、ある企業と顧客の間に生まれた価値への信頼の絆に基づいて、問題を共に解決し共進化させる商業システムのネットワークのことをいう。

後者は、個人を企業の所有物とみなした上で「温情」を形にした制度にすぎない。だから個人と企業の関係性が何ら変わることなく、リスクに挑戦する精神が本質的に生まれない。

しかも、パラダイム破壊型イノベーションが最終的には既存市場を破壊して新市場を創ることを目標としている限り、社内ベンチャー自身が自己矛盾を抱えてしまうことになる。スピン・オフは精神的な独立が大前提なのである。

イノベーション・ダイヤグラムを想起してほしい。イノベーションを生み出していく最も容易な方法は、タイプ0すなわち既存のパラダイムの延長に向かって進むことだった。しかし、そうしたパラダイム持続型イノベーションは必ず行き詰まる。

行き詰まったとき、既存の知をいったん捨てて科学的地平にある本質に下りていくタイプ1のイノベーションは、とりわけ経営者にとっては図太いチャレンジ魂がいる。それは、山に登り始めて自分たちが先頭にいるときは、容易にはその山を下りることができないからだ。

山頂が見え、じつは隣の山頂のほうが高いとわかったとしても、その山を敢えて下り、あらためて別の山に登りなおすには大変な勇気が要る。とりわけ大企業や国家のリーダーは、自分のあずかり知らぬ世界に引きずり込まれる恐怖を感じるにちがいない。

だがそれを避けてはいけない。もし経営者に、本質に下りる時期を見極める力がないのなら、その力を持つ人材をプロデューサーにして責任と権限を付与しておくべきだろう。そして同時に、経営者は現場において共鳴場を絶えず維持し、現場の暗黙知を常に汲み取る努力をすることだ。

さらに、共鳴場の中に「知の越境」を担保する円環状のネットワークを創り上げる。部門の垣根を越えたダイナミズムを絶えず維持し、タイプ2(性能破壊型イノベーション)とタイプ3(超域的パラダイム破壊型イノベーション)のイノベーションを起こせるように、知、とりわけ暗黙知を循環させておく。

知が滞留して経営者に伝達されなくなった組織は必ず根腐れしていく。それ以上に、知が形式知でしか経営者に伝わらなくなった組織もまた、自らの独創力を必ず腐らせる。

そのような組織が原発事故のように科学が社会を損なう事態に直面したときは、必ず立ちすくんでしまう。科学が引き起こしながらも科学だけでは解決できない社会問題、すなわちトランス・サイエンスの問題が解決できないのである。

†経営チームに科学の専門家を

トランス・サイエンスの問題を超克すべく、科学的思考の能力を企業という組織の中で担保するにはどうすればいいだろうか。私は企業の意思決定システムに、「科学の専門家」が入るよう組織改革すべきだと考える。

具体的には、部門を横断する経営チームの中核に、イノベーションの根源（ソース）を問うチーフ・サイエンス・オフィサー（Chief Science Officer）、略してCSOを置くことである（山口 2007）。CSOはヨーロッパやアメリカの企業では増えつつある職位だ。

科学的思考を体現するためには、技術経営の最高責任者CTO（Chief Technology Officer）で十分ではないか、という反論があるだろう。しかし、会社の技術経営を統括する最高責任者としてのCTOと比べると、ここで提案するCSOはその役割が根本的に異なる。

それを説明するためには、CTOが担うべき「技術」と、CSOが担うべき「科学」がどう違い、どう連携しているのかについて明確にしなければならない。

現代のすべての企業活動は、その結晶核として常にコア・コンピタンス（事業能力を根本で支えている一連のスキルセット）を内在させている。そしてそのコア・コンピタンスの他社とは異なる独自性こそが、企業の競争力の主要な源泉である。

その独自性は二つの要素から成立している。第一にコア・コンピタンスの要素を成立させている「知」それ自体の独自性。第二に複数の「知」を互いに関連付け統合する仕方の独自性である。

前者の「知」を創り出す知的営みを私たちは「科学」と呼び、後者の「知」を統合して製品やサービスという価値に具現化する知的営みを「技術」と呼んだ。

単に科学者がいるだけでは組織の能力にはなりえない。科学的思考能力、すなわち見えざる「知」を想像し発見する能力を組織内で体現し、維持しなければならない。それこそがCSOの役割にほかならない。

CTOは「知の具現化」を担当し、CSOは「知の創造」を担当する。この2人は、その監督下でそれぞれの従業員の最適配置を考える。CSOが監督する人材は研究所に局在させる必要はない。

むしろ「科学を企業に埋め込む」という思想で、技術部門や安全・安心部門、CSR（企業の社会的責任）部門などに配置して、会社組織の科学的思考能力を常に担保するほうが望ましい。「夜の科学」を担当するCSOが、「昼の科学」を担当するCTOに対して道徳的緊張を保つことこそが重要なのである。この下に企業内科学者と技術者との緊張関係が生まれる。

日本の企業には、CSOどころか、CTOすらいないところがほとんどだ。日本の企業でCTOがいるのは、製造業の中でもハイテク企業ぐらいだろう。JR西日本の鉄道本部長はテクノロジーを運用しているだけなのでCTOとはいえない。

こうした状況は科学的思考をする文化と教育システムが組織に埋め込まれていないことを意味する。これは企業におけるだけではなく、物事の本質に下りて考えるという習慣が文化や思考パターンの基盤になっていない日本の普遍的な問題といえる。

3　誰もが科学する社会へ

†科学者は職業じゃない

そうなると、前述したように共鳴場は大学や企業といった組織内だけではなく、日本の社会そのものに形成されなければならないということである。具体的にいえば、市民の誰もが「知の越境」を自由にする「市民科学者」になるというビジョンである。「市民科学者」とは何か。

市民と科学そして科学者との関係を再考するためには、あらためて「科学者とは何か」を問わねばならない。まず、科学者という肩書きがいかに日本社会に定着していないかを示す私自身の体験を紹介して議論の導きとしよう。

私が20年余り勤めたNTTの研究所を辞めてベンチャー企業を起業する直前のことである。雇用保険をもらうため、私は東京・東池袋の公共職業安定所ハローワークに行った。厳しい不況下、並ぶ列はビルから出てホームレスに占拠された東池袋中央公園にまで延びていた。私はその最後尾に並んだ。自分の番がやってきたのは、並んで1時間たったころだった。窓口で初めてわかったのは、雇用保険の手続きに先立って、まず職業の認定を受けるということだった。年老いた係官は聞いた。

「ご職業は何？　何をしてたの？」

とっさの問いかけに私はうろたえ、出てきた言葉は

「科学者です」だった。係官は苦笑いしながら、

「科学者ってのはね、職業じゃないんだよ。それは、子供が将来何になりたいか聞かれたときに言う言葉で、職業じゃない。まじめに答えて」と言った。私はどぎまぎしながら今度は、

「物理学者です」と答えた。係官はいら立ちながら「もっと悪い」と言った。

私は自分の人生を否定されたような気がして、強い口調で「じゃあ、その職業分類表を見てみてください」と言った。

係官の目の前には、職業分類を掲載した分厚い本が置いてあった。彼は私の剣幕に気圧されながら、そのページをめくり始めた。そして目を白黒させた。その第一ページ目、初めから3行目に「物理学研究者」という分類があったからだ。

A01「科学研究者」が職業のトップ。その小分類の一つ目が「理学研究者（011－00）」、二つ目が「数学研究者（011－01）」、そして三つ目が「物理学研究者（011－03）」。私は彼の30年以上にわたるキャリアの中で初めて出会った「科学者」だったのだろう。

科学者が市民社会にとっていかに縁のない職業か、私はあらためて痛感した。科学者は20世紀産業社会のあだ花として立ち現れた職業であって、市民からみれば「いなくても構わない人々」ということなのだろうか。

†科学者の無責任態勢

村上陽一郎が『科学者とは何か』で精緻に論じているように、科学者は大変奇妙な職業である（村上 1994）。

たとえば医者や技術者という職業は、社会に対して具体的な価値を提供するがゆえに社会から評価されるとともに、提供する価値に応じて市民から報酬が支払われる。

ただし医者や聖職者という職業は「召命」の意味合いが強いために、その報酬は「オノラリアム」と呼ばれ、「背中にかついだ献金袋に入れる」べき「感謝の志」という点で、鍛冶屋や肉屋といったほかの職業とは異なっている。

ところが科学者という職業は、これらのいずれとも決定的に異なっている。科学者の仕事は、「まだ誰も見たことがないことを見る、誰も知らないことを知り、そしてこの世にないものをあらしめる」ことである。

これについてはある会談で、私は人類学者の山極壽一《やまぎわじゅいち》、生物学者の高橋淑子《よしこ》とこんな対話をした（京都クオリア研究所 2016）。山極が、

「科学者が研究をするっていうときに、それを動かしている源泉は何だろうか」

と問いかけた。それに対して高橋は答えた。

「なんで、こんなアホみたいなことやってるんですか、と聞かれれば、自分のアホさに酔い痴れているわけです、と答える。私が見出したことが、ゆくゆくは産業界の役に立てば、ハッピー。役立たなくても、それはそれでいいじゃない」。

この意見に続いて私が、

「だから、科学をやっている人たちっていうのは、自分の中からモティベーションが生まれるので、それがなくなったら、聞くまでもないですね、辞める時です」

と補足すると、高橋は「それは死ぬ時やで」と畳みかけた。

この議論が象徴しているように、科学者は自らが発見したことを無償の行為として学会で発表するとともに論文として出版する。それを通して、創造された「知」は無償であまねく世界中に知れ渡る。だから、その「知の創造」は売買の対象にはならず、経済価値を生まないし、価値に寄り添わない。科学が「没価値」ないし「価値中立」といわれるゆえんである。

市民社会に対して具体的な価値を生まないため、科学者は市民社会から評価されることはない。その結果生まれた状況を村上は「無責任態勢」と呼ぶ。科学者は、仲間うちからの批評だけで評価され、出世していくので、市民社会に対して原理的に責任を取らなくてもよい、という制度ができあがってしまったのである。

19世紀には社会と無縁だったがゆえに職業として認識されていなかった「科学する人」(Man of science)。それが20世紀に入って、「科学者」(Scientist)という職業として成立するようになったのは、科学が産業の結晶核としての技術を生み出すツールとして位置付けられたためだ。

20世紀に生まれた技術は、すべて科学パラダイムに依拠しなければ開発できず、したがって新技術に基づく産業創造は、最初に「知の創造」すなわち科学的研究がどうしても必要だったからである。

†「市民科学者社会」の実現

日本の科学に希望を見出すためにできる唯一の解は、私たち市民が本来あった「科学する人」の姿に立ち返ることだと私は思う。

すなわち、できる限り多くの人々が自由に知を越境する「科学する人」(Person of science)になる。それは、たとえば文系と理系といった分野ごとの分断を乗り越え、誰もが人生のさまざまなステージにおいて、自分の「心の丈」を高めて世界を遠くまで見渡せるようにするために「夜の科学」に入門するということである。

とくに社会科学など文系の研究者や法律・経営の実務家、そしてビジネス・リーダーたちが「科学する人」になって、率先して職業科学者の社会的コミットメントを評価すべきだろう。

もともと職業科学者をさすScientistという言葉はなく、科学を志す人はみんな「科学する人」だった。だから、本来の姿に立ち返るだけのことである。

科学は急速に進展し細分化・専門化してしまって、もはやその全貌を学ぶことは不可能だと、誰もが口をそろえて言う。しかし、それは間違っている。科学は、それを創り上げた人々の「創発」のプロセスを学ぶことで、さまざまなテクニックや専門用語を理解しなくても、その生命体としての本質は誰にでも理解できる。

市民の誰もが「科学する人」になるという「市民科学者」社会が実現することを私は願ってやまない。そのことが科学と社会に相わたるトランス・サイエンスの問題の解決にもつながるはずである。

職業科学者と市民科学者とが互いの人生の目的を理解し、共鳴場を築くことによって、科学と社会との関係は新しい次元を獲得するにちがいない。

おわりに

最後に本書の提言をまとめておこう。

日本は、1990年代後半に起きた中央研究所の終焉の後、新しいイノベーション・モデルを見つけられないまま、今に至っている。しかも産業競争力を下支えする科学分野が収縮しており、根源的に危機的状況にある。

一方、米国は82年にSBIR制度を発明し、その断固たる持続的遂行を通じて、ついに新しいイノベーション・モデルを発見した。それは、サイエンス型ベンチャー企業による有機的ネットワークモデルと呼ぶべきオープン・システムであって、米国政府の外部委託研究予算の一定割合を拠出することを法律で定めるとともに、以下の制度設計によって実現した。

すなわち無名の若き科学者たちに、研究のための研究をするのではなくイノベーターになれと呼びかけ、新産業創造に向かう具体的な挑戦課題を与える。そして3段階のステージゲート・システムでベンチャー起業家として離陸することを促す。今の米国におけるサイエンス型産業の強い国際競争力は、このＳＢＩＲ制度によって形成されたといっても過言ではない。

周回遅れの日本が、科学もイノベーションも滅びゆく国にならないためには、パラダイム破壊型イノベーションがどのようにして生まれるか、その本質に立ち戻り、科学者によるベンチャー企業をもっと強く支援するほかはない。

そのためには、米国ＳＢＩＲ制度の理念に立ち返って、サイエンス型ベンチャー企業による有機的ネットワークモデルを断固として創る。

土壌を切り捨てることにより「贅肉を切り落とそうとして誤って脳みそを切り落としてしまった」日本では、創造的な若者たちが創造の場を失って、ワーキングプアに成り果ててしまった。だから、もともとポテンシャルは大いにあるのだ。

以下、ブレークスルー・イノベーションを復活させるための処方箋の要点を述べる。

第一に、「演繹」ばかりに固執して「山から下りられなくなる」のを防ぐために、常に「帰納」をし「本質」に向かって下りる修行をすることだ。そして下りねばならないと決めたら土壌の中まで徹底して下りる。土壌の中まで下りることではじめて「創発」をすることができ、新しいパラダイムを見つけられる（タイプ1：パラダイム破壊型イノベーション）。それを価値に変えてパラダイム破壊型イノベーションを成就させるためには、互いの人生のゴールの違いを認め合った上で、「共鳴場」を形成しなければならない。
第二に、未来に至る価値の創造は、現在の延長を「演繹」するだけでは、見つからない。常に「ちがう未来」を構想し、分野や業界の「知の越境」を果たして「回遊」することである（タイプ2：性能破壊型イノベーション＝クリステンセンの破壊的イノベーション）。

第三に、本質を求めて土壌に下り立っても、創発の最中に行き詰まったら、分野の壁を越えて知の越境をすることを心がけることである（タイプ3：超域的パラダイム破壊型イノベーション）。

10年後の未来は、現在の土壌の中からしか生まれない。とはいえ、事態は待ったなしで、大企業中央研究所モデルに回帰する余裕はもうない。技術インテリジェンス（土壌の中にどのようなパラダイム破壊が進行しているのかの探索）をする探索型研究組織を創り、かつ企業の垣根を取り去って、技術の目利き、すなわちイノベーション・ソムリエを備えることだ。見出されていないものの、パラダイム破壊の能力を有する日本のベンチャー企業は確かにある。

だからこそ日本で米国ＳＢＩＲと同様の「スター発掘システム」を構築することが急務となる。そのためには、いま日本にない科学行政官システムをゼロから創り、そのキャリアパスを構築して、イノベーション・ソムリエを不断に養成していかねばならない。化石となった技官制度からそろそろ脱却してほしい。このトランス・サイエンスの時代においては、学部卒や修士修了では、科学知を価値化する力がまったく足りないし、「知の創造」を経験したことのない人々が未来を構想することはできないからだ。この科学行政官システムは、国家のCSO（Chief Science Officer）となるであろう。そしてそれによって、民間企業がCSOを備えることも促されるだろう。

スターを発掘する社会システムが用意されれば、土壌の中にどのようなパラダイム破壊が眠っているかを探索してプロデュースするイノベーション・ソムリエと並行して、イノベーターそれ自体を大学院から多数輩出していかねばならない。

しかしマインドセットを切り替えるのには数年かかる。私もまた、研究者のマインドセットからイノベーターのマインドセットに人生のゴールを変えるのに4年かかった。最初の2年は心底苦しんだ。

大学院教育の中で、多様なマインドセットがありうることを教えて、回遊型の目利きを育てることが、知の創造と価値の創造との「共鳴場」を育む最重要のかなめとなる。そのためには教員が「知の越境」を経験していなければならない。大学院改革は急務だ。

イノベーションを最終ゴールとする文理共鳴型の新しい大学院ができれば、科学的思考を社会にきちんと埋め込むことも可能となる。これによって、社会と企業とが、イノベーションの能力を取り戻し、それを契機にトランス・サイエンスの能力をも獲得するであろう。

あとがき

本書は、21年にわたる物理学研究を飛び出したあとの18年間の私の遍歴的研究をまとめたものである。南フランスで作り上げた巨大な実験装置を、私費を投じて買い取ってきたので、私はその物理学研究に残りの人生をかけることもできた。けれどその前に、この沈みゆく船を救わねば、後に続く人々に申し訳が立たない。

イノベーションも科学も同時に損なおうとしている日本のどこが間違っているのか。それを、イノベーションの源泉（ソース）に立ち返って明らかにしよう。そんな問題意識から出発したものの、問題はさまざまな分野にわたっていて、研究はまるで脈絡がないように見えた。

しかし、すべてはつながっていたのだ。書き終えて私はそう思った。

まとめあげて初めて、ひとつなぎの物語になったと実感した。イノベーション・ダイヤグラムを中核とするイノベーションの理論と、東電福島第一原発事故などを普遍化して見出したトランス・サイエンスの理論とがじつは同根であった。この二つの間にあった障壁も乗り越えて回遊することができるようになった。

筑摩書房の編集者、松田健さんから突然連絡があったのは、2016年の2月だった。イノベーション政策の研究とイノベーション理論の研究、そしてトランス・サイエンスの研究は、その本質のレベルで結びついている。だからその三つの島を統合してみないか。きっと今までにない本ができあがる。そんな内容だった。

しかし私は2カ月後の4月に大手術を控えていて、とても執筆の元気が出なかった。それでも無事手術が成功し、病院のベッドの上で天井ばかりを見ていると、松田さんの企画こそが、私の希望になった。物理学から経営学さらに政策学にまで発散していた私の研究の源は何なのか。書いてみようと思った。この小粒ながらも中身のたっぷり詰まった本をプロデュースしてくれた松田さんのことを心よりありがたく思う。

執筆に当たっては、誰よりもジャーナリストの片岡義博さんに深く感謝する。18年間にさまざまな場で書き散らした私の論文や書籍をすべて読破し、これらを俯瞰して整理しなおし、それらを紡いで見事な構成を作り上げてくださった。片岡さんとの共鳴場は、私の生涯の中で最も卓越したものとなった。

統計データは、過去の研究をアップデートしなければならない。藤田裕二さん（ターンストーンリサーチ社長）に再びビッグ・データへのアクセスをお願いしたところ、快く引き受けてくださった。さらに10年来、阪井和男さん（明治大学法学部教授）からは、私のイノベーション理論について有り余るご助言をいただいた。お二人の惜しみないアドバイスに心から感謝する。

本書の一部は、科学技術振興機構（JST）の研究プログラム「科学技術イノベーション政策のための科学」および科研費（15K03656）の助成を受けた。感謝の意を表する。

最後に、臨月にもかかわらず手術後の私を介抱してくれた娘の絵理と、ほどなく誕生したその子、城士《ジョージ》に本書を捧げる。

山口栄一

2016年10月3日月曜日　東京都文京区白山にて

参考文献

Christensen, C.（1997）*The Innovator's Dilemma: When New Technologies Cause Great Firms to Fail*, Harvard Business School Press.（玉田俊平太監修・伊豆原弓訳『イノベーションのジレンマ――技術革新が巨大企業を滅ぼすとき』翔泳社、２００１）

Hermann, A.（1976）*Werner Heisenberg in Selbstzeugnissen und Bilddokumenten*, Rowohlt.（山崎和夫・内藤道雄訳『ハイゼンベルクの思想と生涯』講談社、１９７７）

Iijima, H. and Yamaguchi, E.（2015）"Decrease in the Number of Journal Articles in Physics in Japan Correlation between the Number of Articles and Doctoral Students", *Journal of Integrated Creative: Studies*, No. 2015-0009, pp. 1-20.

Moore, G.（1965）"Cramming more components onto integrated circuits", *Electronics*, Vol.38, No.8, pp. 114-117.

Kuhn, T.S.（1962）*The Structure of scientific revolutions*, Univ. of Chicago Press（中山茂訳『科学革命の構造』みすず書房、１９７１）

Lerner, J.（1999）"The Government as Venture Capitalist : The Long-Run Impact of the SBIR Program", *Journal of Business*, 72（3）, pp. 285-318.

Pierce, Charles S.（1965）*Collected Papers of Charles Sanders Peirce*, Belknap Press, Vol.5.

Polanyi, Michael (1962) "The Republic of Science: Its Political and Economic Theory", *Minerva*, Vol. 1, pp.54-73.

Richmond, A.H. (1969) "Sociology of Migration in Industrial and Post-Industrial Societies" (J.A. Jackson ed. *Migration*) Cambridge University Press.

SBIR (2016), https://www.sbir.gov

Weinberg, Alvin M. (1972) "Science and Trans Science", *Minerva*, Vol. 10, pp. 209-222.

Wessner, C.W. (2008) *An Assessment of the Small Business Innovation Research Program*, National Research Council.

Yamaguchi, E. (2006) "Rethinking Innovation" (*Recovering from Success: Innovation and Technology Management in Japan*, Chap.8) Oxford University Press.

井上寛康・山口栄一（2015）「日本のＳＢＩＲ制度とその効果の米国との比較」（山口栄一編『イノベーション政策の科学――ＳＢＩＲの評価と未来産業の創造』第４章）東京大学出版会

江崎玲於奈（2007）『限界への挑戦』日本経済新聞出版社

河口充勇（2004）「『回遊』型移住に関する一考察――香港を事例として」『ソシオロジ』Vol.48, No.3.

京都クオリア研究所（2014）クオリアＡＧＯＲＡ ２０１４年第10回／新しい日本の針路とエネルギー

京都クオリア研究所（2015）クオリアＡＧＯＲＡ ２０１５年第６回／〝無心〟から〝生きる〟を考える

京都クオリア研究所（2016）クオリアＡＧＯＲＡ ２０１６年第９回／ディスカッション

（以上３つは、http://www.goodkyoto.com/p005.html に掲載）

小林傳司（2007）『トランス・サイエンスの時代――科学技術と社会をつなぐ』ＮＴＴ出版

齊藤誠（2014）『父が息子に語るマクロ経済学』勁草書房
柴谷篤弘（1973）『反科学論』みすず書房
朝永振一郎（1979）『物理学とは何だろうか』岩波新書
西澤昭夫（2009）日本経済新聞、２００９年7月23日「経済教室」
西平直（2009）『世阿弥の稽古哲学』東京大学出版会
FUKUSHIMAプロジェクト委員会（2012）『FUKUSHIMAレポート——原発事故の本質』日経ＢＰコンサルティング
藤田裕二（2016）私信、sbir.govを用いた。
藤田裕二・川口盛之助・山口栄一（2015）「サイエンスの風景——「分野知図」の生成と分析」（山口栄一編『イノベーション政策の科学』第6章）東京大学出版会
村上陽一郎（1994）『科学者とは何か』新潮選書
村上陽一郎（2010）『人間にとって科学とは何か』新潮選書
山口栄一（2003）「半導体・デバイス産業」（後藤晃・小田切宏之編『日本の産業システム３・サイエンス型産業』第7章）ＮＴＴ出版
山口栄一（2006）『イノベーション 破壊と共鳴』ＮＴＴ出版
山口栄一（2007）『ＪＲ福知山線事故の本質——企業の社会的責任を科学から捉える』ＮＴＴ出版
山口栄一（2012）「メルトダウンを防げなかった本当の理由——福島第一原子力発電所事故の核心」（FUKUSHIMAプロジェクト委員会『FUKUSHIMAレポート——原発事故の本質』第1章）日経ＢＰコンサルティング
山口栄一（2014）『死ぬまでに学びたい５つの物理学』筑摩選書

山口栄一（2015）「イノベーション政策の中核：ＳＢＩＲ政策とは何か」（山口栄一編『イノベーション政策の科学』第1章）東京大学出版会
山口栄一（2015-2）「サイエンスとトランス・サイエンス」（川井秀一・藤田正勝・池田裕一編『総合生存学』第20章）京都大学学術出版会
山本晋也・山口栄一（2015）「医薬品産業――日本はなぜ凋落したか：イノベーション政策の最適解」（山口栄一編『イノベーション政策の科学』第7章）東京大学出版会
ヤング吉原麻里子（2015）「米国ＳＢＩＲ制度の源流と歴史」（山口栄一編『イノベーション政策の科学』第2章）東京大学出版会

人名索引

＊重要人物に限る。

あ行

赤﨑勇　16
天野浩　16
大河内正敏　127

か行

ガードン，ジョン　133, 135
郭台銘→ゴウ，テリー
クーン，トーマス　47, 111, 225
クリステンセン，クレイトン　137-139, 142, 143, 219, 225
クリック，フランシス　129, 132, 133
ケプラー，ヨハネス　114, 115
ゴウ，テリー（郭台銘）　30, 31, 45
小林傳司　152, 153, 155, 157, 226
コペルニクス，ニコラウス　114

さ行

柴谷篤弘　151, 152, 159, 227
正力松太郎　178, 179
世阿弥　121, 122, 141, 227

た行

高橋和利　135
ティベッツ，ローランド　72, 86
利根川進　136
朝永振一郎　127, 155, 179, 226

な行

中曽根康弘　178
中村修二　16
仁科芳雄　127
ニュートン，アイザック　114-116, 196

は行

パース，チャールズ　97, 113, 225
ハーディ，ゴッドフレイ　115
ハイゼンベルク，ヴェルナー　116, 225
ハウザー，ハーマン　195, 203
早川徳次　32, 34
ブラーエ，ティコ　114
ポラニー，マイケル　149, 226

ま行

村上陽一郎　107, 108, 212-214, 227
モット，ネビル　194, 195

や行

山中伸弥　132-135, 138
湯川秀樹　127, 178, 179

ら行

ラマヌジャン，シュリニヴァーサ　115

わ行

ワインバーグ，アルヴィン　146, 149-152, 155, 159, 226
ワトソン，ジェームズ　129, 132, 133

事項索引

A–Z

ARM　131, 138, 142,195, 196, 204
AT&T　68, 70, 84
CSO（チーフ・サイエンス・オフィサー）　208-210, 220
CSR　209
CTO　208-210
C 型肝炎治療薬　100
DNA　32, 34, 129, 132, 133
DoD →国防総省
DoE →エネルギー省
EMS　31, 49
ES 細胞　133-135
GE →ジェネラル・エレクトリック
HEMT →高電子移動度トランジスタ
HHS →保健福祉省
HPCI（高圧注水系）　166, 168, 169
IBM　13, 68, 70, 84
IC（非常用復水器）　166, 167, 169-172, 175
IoT　49, 50
ITRI →工業技術研究院
JR西日本　160, 162, 165, 179-182, 209
JR 福知山線事故　26, 160, 161, 174, 183, 227
LG　43
LSI　38, 117, 120
M&A　98, 99, 101
NASA →航空宇宙局
NEC　13, 30, 64, 66
NIH →国立衛生研究所
NRC →全米研究評議会
NSF →国立科学財団
PARC　68
RCIC（原子炉隔離時冷却系）　166, 169-172, 175
SBIR 制度　25, 71, 74, 82, 83, 86-89, 95, 97, 104, 106, 109, 125, 126, 217, 218, 228
SBIR 増倍率　99, 104
TSMC　191

あ行

青色 LED　17, 138, 189
青色半導体レーザー　51
アップル　31
アベノミクス　103
アムジェン　99
アンチテーゼ　121, 122
暗黙知　110, 124, 156, 158, 192, 198, 205, 207
イノベーション　10-15, 16, 18-22, 24-27, 32, 33, 44, 47, 52, 55, 62, 68-74, 76, 79-81, 84, 86-89, 94, 95, 97, 98, 103-106, 108-111, 117-133, 135-140, 142, 143, 146, 148, 156-158, 182-186, 190-193, 197-200, 202, 204-207, 217-228
イノベーション・エコシステム　79, 81
イノベーション型企業　32, 33
イノベーション・システム

27, 190
イノベーション・ソムリエ　21, 26, 126, 142, 143, 200, 202, 203, 219, 220
イノベーション・ダイヤグラム　25, 109, 117, 122, 123, 126, 129, 130, 133, 135, 146, 156, 157, 192, 206, 222
イノベーション・チェーン　198
イノベーション・モデル　11, 25, 26, 55, 70, 71, 89, 109, 124, 127, 191-193, 200, 217
イノベーション理論　21, 140, 223
医薬品産業　11, 12, 59, 60, 62, 65, 68, 85, 95, 97-100, 104, 124, 182, 193, 228
インカムゲイン　98
エイコーン　195, 196, 204
液　晶　32-36, 38-40, 43-45, 52-54, 140
エネルギー省（DoE）　73-75, 76, 79
エリスロポエチン　100
エレクトロニクス産業　10-12, 30, 58, 65, 85, 124
演繹（deduction）　111-113, 115, 117-121, 124, 130-134, 136, 156, 158, 218, 219
エンジェル　88, 104
オープン・イノベーション　142
オンリーワン戦略　34, 141

か行

海水注入　166, 168, 170-172, 176, 177
回　遊　21, 53, 123, 128-132, 135, 136, 138, 143, 183, 192, 198, 200, 201, 219, 220, 223, 226
科学行政官　75, 77, 78, 84, 94, 126, 200, 219, 220
科学者　14-17, 20, 24, 40, 41, 54, 63-65, 67-69, 74-79, 83, 86-89, 94, 95, 97, 103, 108, 111, 124-127, 129, 135, 140, 147, 149-152, 154, 155, 157-159, 165, 175, 179, 180, 188, 189, 194, 198, 199, 201, 203, 208-218, 227
科学リテラシー　21, 22, 154, 174, 181, 182
過酷事故　11, 147
価値中立　108, 147, 158, 214
価値の創造　25, 107, 108, 124, 146, 156, 194, 200, 219, 220
カレッジ　194, 196, 197, 203
起業家精神　11, 22, 69, 187, 188
技術インテリジェンス　143, 219
技術経営　21, 23, 163, 170-174, 177, 182, 183, 208
基礎研究　12, 13, 16, 40, 65, 67, 68, 72, 85, 111, 178, 189, 191
既知派　40, 41, 44, 54, 140, 205
帰納（induction）　111-115, 119, 121, 122, 218
キャピタルゲイン　98
共鳴場　123-125, 127, 140, 141, 186, 192-194, 197-199, 203-205,

207, 210, 216, 219, 220, 223
ギリアド・サイエンシズ　100
緊プロ（緊急開発プロジェクト制度）　32, 39
グラント　73, 100, 104
グローバリゼーション　11, 47, 48, 191
経営学クラスター　92
形式知　110, 202, 207
欠如モデル　152
研究者　10, 63, 65, 68-70, 76-80, 84, 85, 87, 88, 103, 125-127, 134, 188, 195, 200, 212, 215, 220
原子力発電所（原発）　11, 12, 17, 19, 24, 26, 147, 148, 150, 152, 155, 165-169, 172-179, 181-183, 202, 207, 223, 227
原子力村　147, 152, 175, 179
原子炉隔離時冷却系→RCIC
原子炉水位　166-173, 175
ケンブリッジ現象　194-197
コア学問　92-95, 97, 201-204
コア・コンピタンス　208, 209
高圧注水系→HPCI
抗インフルエンザ薬　100
交易条件　58, 59
工学クラスター　92, 93
工業技術研究院（ITRI）　49
航空宇宙局（NASA）　73, 74, 79
高電子移動度トランジスタ（HEMT）　189, 199
国防総省（DoD）　73-75, 76, 79
国立衛生研究所（NIH）　74, 126
国立科学財団（NSF）　72-74, 79
コンセンサス会議　153, 157
コントラクト　73

さ行

サイエンス型産業　10, 11, 13, 25, 30, 35, 58, 65, 70, 79, 106, 194, 218, 227
サイエンス共和国　148-150, 154
サムスン　43, 53, 66, 69, 141, 191
産学連携　193, 195
産業革新機構　31, 37, 44, 45, 51
産業技術総合研究所（産総研）　49
産業クラスター政策　102
ジェネラル・エレクトリック（GE）　178
市場の失敗　72
次世代半導体　12, 71, 202
実存的欲求　124, 204
死の谷　72, 76, 86
シビリアン・コントロール　151, 153-155, 157, 158
自前主義　48, 89, 142, 189
市民科学者　210, 215, 216
シャープ　25-27, 29-39, 43-46, 48, 49, 51-55, 58, 109, 140-142, 209
シャトル電池　19, 121
ジャパンディスプレイ　45, 52
守　121, 122
守・破・離　121
職業科学者　63, 64, 215, 216
シリコン　17, 70, 117, 120
シリコン・バレー　70
人文・社会科学クラスター　92
スキル・シフト　205

スパイラル戦略　34, 38, 39, 55, 141
スモール・ビジネス　25, 72-74, 83, 88, 106
スモール・ビジネス・イノベーション開発法　73, 74
性能破壊型イノベーション　131, 138, 139, 142, 143, 207, 219
政府調達　76, 83
ゼロックス　68
線形モデル　189, 190
選択と集中　54, 85
セントラル・ドグマ　132
全米研究評議会（NRC）　80
創発（abduction）　52, 106, 113-116, 119-124, 126, 128, 131-133, 135, 141, 156, 158, 192, 200-202, 204, 205, 216, 218, 219
ソニー　13, 17, 18, 30, 51, 64, 66, 128, 191

た行

ターン・キー契約　178
対話モデル　153
チーフ・サイエンス・オフィサー→CSO
地学クラスター　92
窒化ガリウム　17, 18, 51, 121
知的クラスター政策　102
知的財産権　49
知の越境　14, 52, 128-130, 132, 136, 177, 192, 197, 198, 201, 202, 207, 210, 219, 220
知の具現化　106-113, 119, 124, 125, 129, 130, 138, 156, 157, 192, 193, 201, 209
知の創造　24, 25, 52, 87, 106-111, 114, 118, 119, 122, 124, 125, 127, 128, 130, 131, 140, 146, 147, 156-158, 192-194, 209, 215, 220
中央研究所　12, 13, 25, 65, 67, 70, 84, 85, 89, 123, 127, 140, 199, 217, 219
中央研究所モデル　70, 88, 219
中小企業技術革新制度　82
超域的パラダイム破壊型イノベーション　138, 207, 219
テーゼ　122
デュポン　67
転覆限界速度　160-162, 164, 165, 180, 181
東京電力（東電）　11, 19, 24, 26, 147, 152, 155, 166-168, 170, 171, 173-177, 179, 182, 183, 222
東芝　64, 66, 178
土壌　110, 111, 119, 120, 122, 123, 135, 137, 140, 141, 143, 156-158, 192, 201, 218-220
トランジスタ　12, 17, 18, 32, 68, 107, 117, 120, 138, 139, 189, 190
トランス・サイエンス　21, 24, 26, 146-155, 157-160, 165, 177, 182, 207, 208, 216, 220, 221, 223, 226, 227
トランス・サイエンス共和国　148-150, 154

な行

ナノテク産業　23
似得る　121, 122

似する　121-123
似せぬ　121-123
日亜化学　16, 51, 191
日本電産　52
日本版 SBIR　25, 81-85, 95, 96, 101
ネオタイプの科学　107, 108
ノイマン型　112, 116
ノーマリー・オフ　172, 181
ノーマリー・オン　172
ノックアウト・マウス　134

は行

破　121, 122
バインド電池　19
破壊的イノベーション　137, 139, 142, 143, 219
パズル解き　111
バックキャスト　24
パトス　110
パナソニック　30, 64, 66, 168, 191
パラダイム　47, 52, 55, 112, 114, 117-126, 128, 129, 132, 135-138, 140, 143, 158, 192, 204-207, 215, 218-220
パラダイム持続型イノベーション　118-120, 124, 136, 143
パラダイム破壊型イノベーション　120, 121, 123, 124, 126, 128, 137, 138, 143, 158, 192, 204, 206, 207, 218, 219
バリューチェーン　48
バリュー・ネットワーク　139, 206
パワー・トランジスタ　17, 18, 117, 120
半導体産業　23, 65, 190, 202
東日本大震災　147
非常用復水器→IC
日立　13, 64, 66, 131, 142, 178
ビッグデータ　112, 113
ヒト遺伝子データベース　60
ヒューレット・パッカード　68
昼の科学　108, 110, 111, 156, 209
ファイナンス・ギャップ　72, 86, 87
フォックスコン　31
福島第一原子力発電所（事故）　11, 147, 165, 166, 169, 174, 177, 222, 227
福知山線転覆事故　160
物理限界　21, 118, 120, 167, 171-173, 177, 181, 182
ブレークスルー　17, 20, 21, 47, 92, 100, 111, 119, 120, 124, 134, 182, 183, 204, 218
プログラム・ディレクター　75, 78, 103, 126
プログラム・マネージャー　72, 75, 78, 103
プロダクト・アウト　54, 140
ブロックバスター　100, 101
プロトタイプの科学　108
分野知図　90-94, 96, 201, 202, 204, 227
米国版 SBIR　82-87, 89, 92, 93, 96, 97, 100, 103, 125, 126, 200
ベル研究所　13, 68, 70, 85
ベント　166-168, 171, 172, 176
保健福祉省（HHS）　73-75, 79,

99, 104
ポスドク（ポストドクター）
70, 75, 83, 103, 126
没価値 214
ホンダ 191
鴻海（ホンハイ） 25, 30, 31, 34, 37, 44-51, 55, 141

ま行

マインドセット 76, 125, 188, 220
松下電器 16, 168, 191
マンハッタン計画 67
未知派 41, 54, 140
ムーアの法則 117, 120
モット報告 194, 195

や行

ヤヌス的二面性 110
山登りのワナ 30, 34, 35, 41, 42, 44, 47, 55, 140, 142, 198
有機的ネットワークモデル
88, 217, 218
要素技術 17, 39, 54, 140
夜の科学 108, 110, 111, 119, 156-159, 209, 215

ら行

離 121
リーマン・ショック 36, 43, 59
理化学研究所（理研） 126-128
リスク・マネジメント 173, 183
リチウムイオン電池 18, 19
量子デバイス 18
量子力学 16, 23, 62, 106, 116-118, 120, 193, 201
量子力学産業 62, 193
ロゴス 110

わ行

ワーキングプア 65, 218

ちくま新書
1222

イノベーションはなぜ途絶《とだ》えたか
——科学《かがく》立国《りっこく》日本《にほん》の危機《きき》

二〇一六年一二月一〇日　第一刷発行

著者　山口栄一（やまぐち・えいいち）
発行者　山野浩一
発行所　株式会社　筑摩書房
東京都台東区蔵前二-五-三　郵便番号一一一-八七五五
振替〇〇一六〇-八-四一二三
装幀者　間村俊一
印刷・製本　三松堂印刷　株式会社

乱丁・落丁本の場合は、左記宛にご送付ください。
送料小社負担でお取り替えいたします。
ご注文・お問い合わせも左記へお願いいたします。
〒三三一-八五〇七　さいたま市北区櫛引町二-六〇四
筑摩書房サービスセンター　電話〇四八-六五一-〇〇五三

ISBN978-4-480-06932-0 C0234

ちくま新書

1166 ものづくりの反撃
藤本隆宏
中沢孝夫
新宅純二郎
「インダストリー4.0」「IoT」などを批判的に検証し、日本の製造業の潜在力を分析。現場で思考をつづけてきた経済学者が、日本経済の夜明けを大いに語りあう。

977 現代《ヒュンダイ》がトヨタを越えるとき
——韓国に駆逐される日本企業
小林英夫
金英善
ものづくりの雄、トヨタ。その栄華はピークを過ぎたのか？　日韓企業のあいだで起きている大変化を検証しながら、日本企業が弱体化した理由と再生への道筋を探る。

1065 中小企業の底力
——成功する「現場」の秘密
中沢孝夫
国内外で活躍する日本の中小企業。その強さの源は何か？　独自の技術、組織のつくり方、人材育成……。多くの現場取材をもとに、成功の秘密を解明する一冊。

898 世界を変えた発明と特許
石井正
歴史的大発明の裏には、特許をめぐる激しい攻防があった。蒸気機関から半導体まで、発明家たちの苦闘の足跡をたどり、世界を制する特許を取るための戦略を学ぶ。

851 競争の作法
——いかに働き、投資するか
齊藤誠
なぜ経済成長が幸福に結びつかないのか？　標準的な経済学の考え方にもとづき、確かな手触りのある幸福を築く道筋を考える。まったく新しい「市場主義宣言」の書。

986 科学の限界
池内了
原発事故、地震予知の失敗は科学の限界を露呈した。科学に何が可能で、何をすべきなのか。科学者の倫理を問い直し「人間を大切にする科学」への回帰を提唱する。

974 原発危機　官邸からの証言
福山哲郎
本当に官邸の原発事故対応は失敗だったのか？　当時の官房副長官が、自ら残したノートをもとに緊急事態への取組を徹底検証。知られざる危機の真相を明らかにする。

ちくま新書

842
組織力
――宿す、紡ぐ、磨く、繋ぐ
高橋伸夫
経営の難局を打開するためには〈組織力〉を宿し、紡ぎ、磨き、繋ぐことが必要だ。新入社員から役員まで、組織人なら知っておいて損はない組織論の世界。

225
知識経営のすすめ
――ナレッジマネジメントとその時代
野中郁次郎
紺野登
日本企業が競争力をつけたのは年功制や終身雇用の賜物のみならず、組織的知識創造を行ってきたからである。知識創造能力を再検討し、日本的経営の未来を探る。

396
組織戦略の考え方
――企業経営の健全性のために
沼上幹
組織を腐らせてしまわぬため、主体的に思考し実践しよう！　組織設計の基本から腐敗への対処法まで「これウチの会社！」と誰もが嘆くケース満載の組織戦略入門。

1032
マーケットデザイン
――最先端の実用的な経済学
坂井豊貴
腎臓移植、就活でのマッチング、婚活パーティー!? お金で解決できないこれらの問題を解消する画期的な思考を解説する。経済学が苦手な人でも読む価値あり！

822
マーケティングを学ぶ
石井淳蔵
市場が成熟化した現代、生活者との関係をどうデザインするかが企業にとって大きな課題となる。著者はここを起点にこれからのマーケティング像を明快に提示する。

619
経営戦略を問いなおす
三品和広
戦略と戦術を混同する企業が少なくない。見せかけの「戦略」は企業を危うくする。現実のデータと事例を数多く紹介し、腹の底からわかる「実践的戦略」を伝授する。

1092
戦略思考ワークブック【ビジネス篇】
三谷宏治
Suica自販機はなぜ1・5倍も売れるのか？　1着25万円のスーツをどう売るか？　20の演習で、明日から使える戦略思考が身につくビジネスパーソン必読の一冊。

ちくま新書

1133
理系社員のトリセツ
中田亨
文系と理系の間にある深い溝。これを解消しなければ、両者が一緒に働く職場はうまくまわらない。理系の意外な特徴や人材活用法を解説した文系も納得できる一冊。

1128
若手社員が育たない。
――「ゆとり世代」以降の人材育成論
豊田義博
まじめで優秀、なのに成長しない。そんな若手社員が増加している。本書は、彼らの世代的特徴、職場環境、大学での経験などを考察し、成長させる方法を提案する。

1179
日本でいちばん社員のやる気が上がる会社
――家族も喜ぶ福利厚生100
坂本光司&坂本光司研究室
全国の企業1000社にアンケートをし、社員と家族を幸せにしている100の福利厚生事例と、業績にも確実によい効果が出ているという分析結果を紹介する。

1188
即効マネジメント
――部下をコントロールする黄金原則
海老原嗣生
自分の直感と経験だけで人を動かすのには限界がある。マネジメントの基礎理論を学べば、誰でもいい上司になれる。人事のプロが教える、やる気を持続させるコツ。

1046
40歳からの会社に頼らない働き方
柳川範之
誰もが将来に不安を抱える激動の時代を生き抜くには、どうするべきか?「40歳定年制」で話題の経済学者が、新しい「複線型」の働き方を提案する。

1114
これだけは知っておきたい 働き方の教科書
安藤至大
いま働き方の仕組みはどうなっているか? これからどう変わり、どう備えるべきなのか? 法律と労働経済学の見地から、働くことにまつわる根本的な疑問を解く。

926
公務員革命
――彼らの〈やる気〉が地域社会を変える
太田肇
地域社会が元気かどうかは、公務員の〝やる気〟にかかっている! 彼らをバッシングするのではなく、積極性を引き出し、官民一丸ですすめる地域再生を考える。